KB262429

# 처음 시작하는
# 일본어 日本語

## STEP 1

저자 | 정복임, 박은숙

# 처음 시작하는 일본어 日本語 STEP 1

| | |
|---|---|
| 초 판 인 쇄 | 2016년 02월 01일 |
| 초 판 3 쇄 | 2019년 06월 17일 |

| | |
|---|---|
| 지 은 이 | 정복임, 박은숙 |
| 감 수 | 신자토 루리코(新里瑠璃子) |
| 펴 낸 이 | 임승빈 |
| 편 집 책 임 | 정유항, 최지인 |
| 편 집 진 행 | 송영정 |
| 조 판 편 집 | 이승연 |
| 디 자 인 | 다원기획 |
| 삽 화 | 강지혜 |
| 마 케 팅 | 염경용, 이동민, 임원영 |

| | |
|---|---|
| 펴 낸 곳 | ECK북스 |
| 주 소 | 서울시 구로구 디지털로 32가길 16, 401 [08393] |
| 대 표 전 화 | 02-733-9950 |
| 팩 스 | 02-723-7876 |
| 홈 페 이 지 | www.eckbooks.kr |
| 이 메 일 | eck@eckedu.com |
| 등 록 번 호 | 제 25100 - 2005 - 000042호 |
| 등 록 일 자 | 2000. 2. 15 |

| | |
|---|---|
| I S B N | 978-89-92281-35-5 |
| | 978-89-92281-34-8 (세트) |
| 정 가 | 15,000원 |



이 도서의 국립중앙도서관 출판예정도서목록(CIP)은 서지정보유통지원시스템 홈페이지(http://seoji.nl.go.kr)와 국가자료공동목록시스템 (http://www.nl.go.kr/kolisnet)에서 이용하실 수 있습니다. (CIP제어번호 : CIP2016000758)

# 처음 시작하는 일본어 STEP 1 日本語

저자 | 정복임, 박은숙

25년 동안 일본어를 가르치면서, 항상 기본부터 시작하자는 의도로 강의를 하면서도 너무 모자라거나 너무 넘치는 교재로 후회를 한 기억들이 있습니다. 학생이나 직장인들을 수없이 가르치면서 기초에 충실하지 못하여 항상 후회를 했었는데 기본회화, 문법을 적절히 넣은 본 교재를 완성하면서 안도하게 되었습니다.

같이 교재를 쓰신 정복임 선생님, 일본어 감수를 해주신 신자토 루리코 선생님, 편집에 많은 도움을 주신 송영정 차장님, 큰 틀을 잡아주신 임승빈 실장님에게 감사드립니다.

저자 박 은 숙

---

일본어 강의를 시작한 지도 벌써 10년이 되어갑니다.

이 책을 펴내면서 여러 수업에 임했던 제 모습과 그 때마다 함께 해 주셨던 많은 학습자 여러분의 얼굴이 머릿속을 스쳐갑니다.

일본어를 배우고 가르치면서 "어떻게 하면 일본어를 쉽게 가르치고, 잘할 수 있을까?"라는 질문을 자주 받고, 저 또한 수없이 고민해 왔습니다. 그러나 대답은 늘 기본에 충실하자였습니다. 너무 당연하고 뻔한 대답이지만 아무리 생각해도 이 이상의 답을 얻을 수 없었습니다. 그렇다면 무엇을, 또 어느 정도까지를 기본이라 해야 할까요? 꼬리에 꼬리를 무는 고민과 생각 끝에 내린 결론은 [기본=과한 욕심을 버리자]였습니다. 그래서 많은 것을 담고 싶은 욕심을 뒤로 하고 과감히 버릴 것은 버리고 기본 가지가 되는 것만을 골라 책을 쓰게 되었습니다.

본 교재는 기본에 충실할 수 있도록 다음과 같이 만들었습니다.


1. **기본 문형(문법)으로 뼈대를 만듭니다.**
   간단한 어휘를 사용했으므로 가능하다면 기본 문형을 꼭 암기하고 넘어가시길 바랍니다.

2. **뼈대의 살이 되는(일본어 능력시험 3, 4급) 어휘는 쉬운 순으로 제시하였습니다.**
   매 과 마지막에 제시한 단어들도 사용 빈도가 높은 단어들을 정리해 놓은 것입니다. 조금 어려울 수도 있지만 숙지하시길 권해드립니다.

3. **문형에 해당하는 연습문제를 통해 말하기와 쓰기 능력이 향상될 수 있도록 하였습니다.**
   말하기 연습을 통해 매 과의 문형과 문법을 정리합니다. 혼자서도 공부하실 수 있도록 단어와 문형을 쉽게 제시하였습니다.

4. 학습한 문형과 단어를 활용해 본문을 구성하고 좀 더 **자연스런 대화를 할 수 있도록 장면 설정**을 하였습니다.

5. **듣기**와 **쓰기**에서 다시 한 번 문형과 단어를 확인하고 넘어갈 수 있게 하였습니다.


이 교재는 실제 제가 일본어를 가르치면서 현장에서 쌓은 경험을 바탕으로 학습자들이 쉽게 배우고 공부할 수 있게 군더더기를 없애고 철저히 기본에 충실했습니다.

본 교재가 여러분이 일본어 뼈대를 만들고 살을 붙여 멋진 작품을 만들어 가는데 있어서 도움이 되길 바랍니다.

마지막으로, 이 책을 쓰는데 여러 도움을 주신 권지영 선생님, 정미령 선생님, 김연후 선생님, 박은숙 선생님, 송영정 차장님께 감사드립니다.


저자 정 복 임

# 이 책의 구성과 특징

## 예비학습

### ■ 일본어 문자와 발음

히라가나, 가타카나 등 일본어 문자를 소개하고, 청음, 탁음, 반탁음, 요음, 촉음 등 일본어 발음을 자세하게 설명하여 일본어를 처음 시작하는 학습자들이 어려움 없이 학습을 시작할 수 있도록 구성하였습니다.

## 본학습

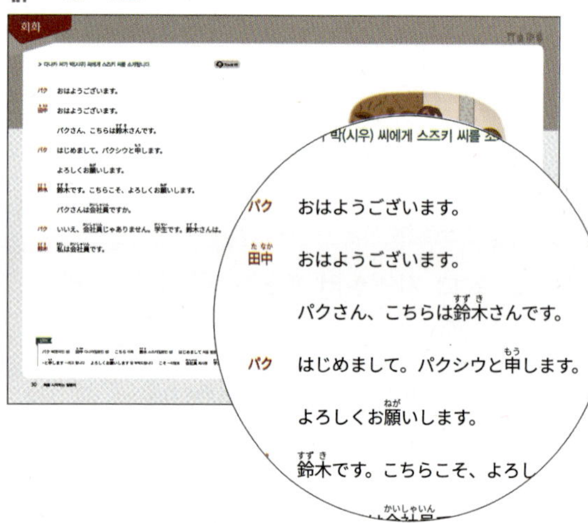


### ■ 회화

각 과의 주요 문법과 문형을 활용한 간단한 회화문을 학습합니다. 원어민의 발음이 녹음된 mp3 파일을 듣고 따라 말하는 연습을 해 보세요. 대화문은 2번 들려드립니다. 처음에는 전체 대화를 쭉 들어보고, 그 다음에는 대화의 한 마디씩 따라 말할 수 있도록 구성하였습니다.

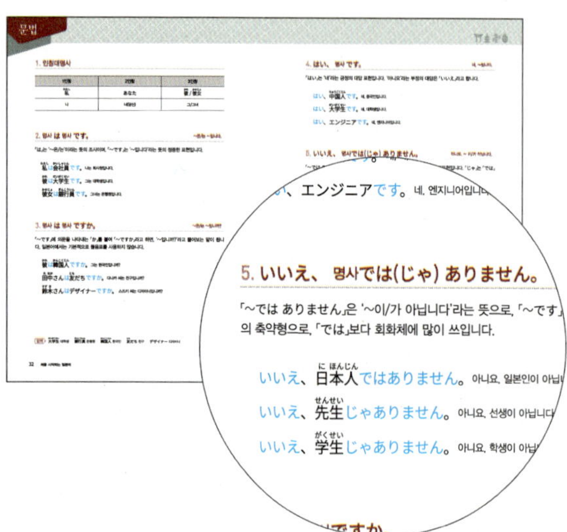


### ■ 문법

주요 문법과 문형을 설명합니다. 이해를 돕기 위해 다양하고 풍부한 예문을 실었습니다.

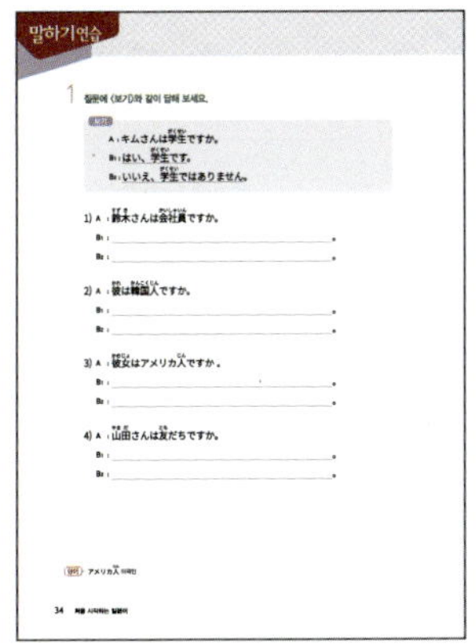 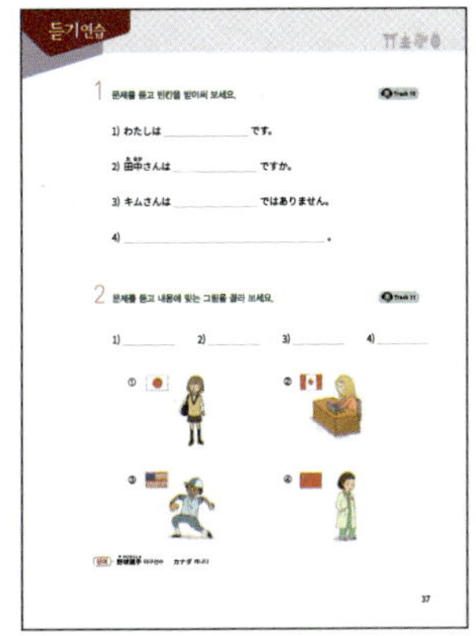 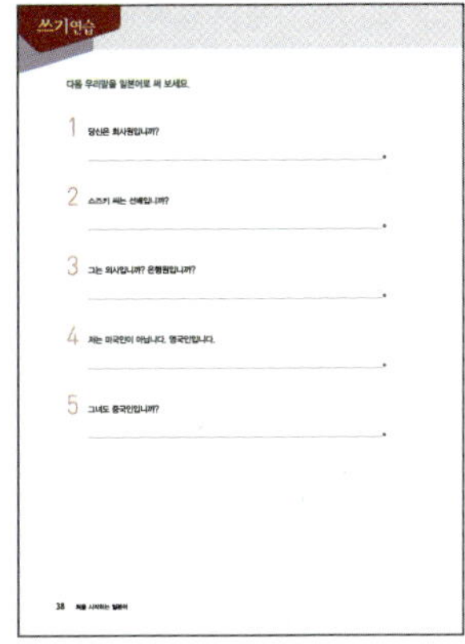

## ■ 말하기 · 듣기 · 쓰기 연습

각 과에서 학습한 내용을 문제를 풀며 확인하고 점검합니다. 주요 문법과 문형을 활용하여 말하기 연습을 하는 **말하기** 문제, 청취력 향상을 위한 **듣기** 문제, 주요 문형을 활용하여 직접 작문해 보는 **쓰기** 문제로 구성되어 3가지 영역을 골고루 연습할 수 있습니다.

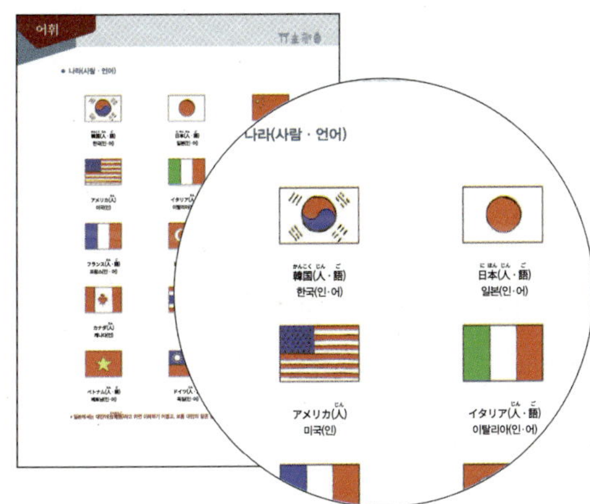

## ■ 어휘

회화, 문법에서 다룬 주제와 관련된 어휘를 추가로 제공합니다. 본문에서 미처 다루지 못한 다양한 어휘를 학습할 수 있습니다.

## 🎍 부록: 가나 쓰기연습

히라가나와 가타카나를 보고 따라 쓰는 연습을 합니다. 각 글자의 획에 쓰는 순서를 표시하여 쉽게 따라 쓸 수 있도록 하였습니다.

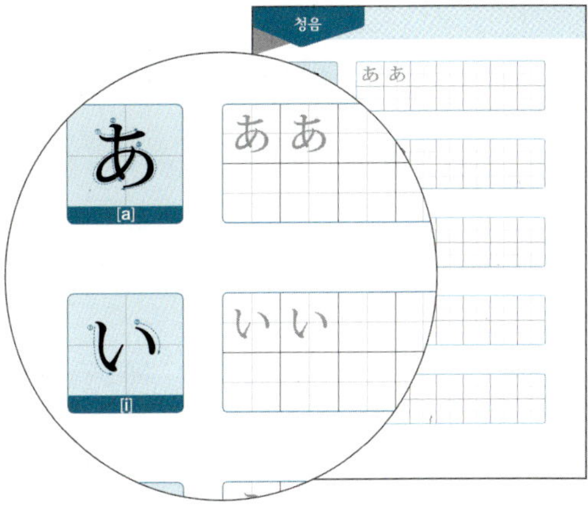

# 목차

# 일본어 문자와 발음 (1)

**학습할 내용**

일본어 문자

일본어 발음 – 청음(清音)

# 일본어 문자

일본어는 히라가나(ひらがな), 가타카나(カタカナ), 한자(漢字), 로마자, 그리고 아라비아 숫자와 몇 가지 부호로 표기됩니다. 일본어 표기의 원칙은 한자와 가나(히라가나와 가타카나를 합쳐 '가나'라고 합니다.)를 섞어 쓰는 것이며, 로마자는 가타카나로 표기합니다.

## ■ 히라가나

한자의 초서체에서 비롯되었다고 합니다. 9세기경에 만들어졌는데, 당시에는 주로 여성들이 사용해서 여성글자라 했습니다. 현대 일본어의 가장 기본이 되는 문자이며, 46자로 통일되어 사용하고 있습니다.

## ■ 가타카나

한자의 일부를 차용해서 만든 글자로, 외래어 표기나 의성어·의태어, 상호명, 그리고, 특수한 강조 효과를 나타낼 때 사용합니다. 「シ」·「ツ」「ソ」·「ン」과 같이 모양이 비슷한 글자가 많으므로 정확히 암기해 사용해야 합니다.

## ■ 한자

우리나라에서는 한자를 음(음독)으로만 읽지만, 일본에서는 한자를 음(음독)으로 읽기도 하고, 뜻(훈독)으로 읽기도 합니다. 따라서, 한자 한 글자를 2가지 이상의 방법으로 읽는 경우도 있습니다.

# 오십음도(五十音図)

오십음이란 가나로 적은 일본어의 50개의 음(음절)을 말하고, 오십음도란 가나의 50음을 5단 10행으로 배열한 표를 말합니다.

## ● 히라가나(ひらがな)

| | あ행 | か행 | さ행 | た행 | な행 | は행 | ま행 | や행 | ら행 | わ행 |
|---|---|---|---|---|---|---|---|---|---|---|
| あ단 | あ<br>[a] | か<br>[ka] | さ<br>[sa] | た<br>[ta] | な<br>[na] | は<br>[ha] | ま<br>[ma] | や<br>[ya] | ら<br>[ra] | わ<br>[wa] |
| い단 | い<br>[i] | き<br>[ki] | し<br>[si] | ち<br>[chi] | に<br>[ni] | ひ<br>[hi] | み<br>[mi] | | り<br>[ri] | |
| う단 | う<br>[u] | く<br>[ku] | す<br>[su] | つ<br>[tsu] | ぬ<br>[nu] | ふ<br>[hu] | む<br>[mu] | ゆ<br>[yu] | る<br>[ru] | を<br>[o] |
| え단 | え<br>[e] | け<br>[ke] | せ<br>[se] | て<br>[te] | ね<br>[ne] | へ<br>[he] | め<br>[me] | | れ<br>[re] | |
| お단 | お<br>[o] | こ<br>[ko] | そ<br>[so] | と<br>[to] | の<br>[no] | ほ<br>[ho] | も<br>[mo] | よ<br>[yo] | ろ<br>[ro] | ん<br>[n] |

## ● 가타카나(カタカナ)

| | ア행 | カ행 | サ행 | タ행 | ナ행 | ハ행 | マ행 | ヤ행 | ラ행 | わ행 |
|---|---|---|---|---|---|---|---|---|---|---|
| あ단 | ア<br>[a] | カ<br>[ka] | サ<br>[sa] | タ<br>[ta] | ナ<br>[na] | ハ<br>[ha] | マ<br>[ma] | ヤ<br>[ya] | ラ<br>[ra] | ワ<br>[wa] |
| い단 | イ<br>[i] | キ<br>[ki] | シ<br>[si] | チ<br>[chi] | ニ<br>[ni] | ヒ<br>[hi] | ミ<br>[mi] | | リ<br>[ri] | |
| う단 | ウ<br>[u] | ク<br>[ku] | ス<br>[su] | ツ<br>[tsu] | ヌ<br>[nu] | フ<br>[hu] | ム<br>[mu] | ユ<br>[yu] | ル<br>[ru] | ヲ<br>[o] |
| え단 | エ<br>[e] | ケ<br>[ke] | セ<br>[se] | テ<br>[te] | ネ<br>[ne] | ヘ<br>[he] | メ<br>[me] | | レ<br>[re] | |
| お단 | オ<br>[o] | コ<br>[ko] | ソ<br>[so] | ト<br>[to] | ノ<br>[no] | ホ<br>[ho] | モ<br>[mo] | ヨ<br>[yo] | ロ<br>[ro] | ン<br>[n] |

# 일본어 **발음**



청음은 가나에 탁점이 없는 맑은 소리로, 탁음과 반탁음을 제외한 모든 음을 말합니다.

## あ행

あ행은 우리말의 '아, 이, 우, 에, 오'와 발음이 비슷합니다. あ행에서 특히 주의해야 할 발음은 「う」입니다. 「う」는 우리말의 '우'처럼 입술을 둥글게 만들지 않고, 평평하게 조금만 내밀어서 부드럽게 '우'와 '으'의 중간으로 발음합니다.

| [a] | [i] | [u] | [e] | [o] |
|---|---|---|---|---|
| あ | い | う | え | お |
| ア | イ | ウ | エ | オ |

あい [ai] 사랑  
えき [eki] 역  
ウイスキー [uisuki:] 위스키  

いえ [ie] 집  
おかね [okane] 돈  
オイル [oiru] 오일  

うみ [umi] 바다  
イギリス [igirisu] 영국  

## か행

か행은 우리말의 '카, 키, 쿠, 케, 코'와 '가, 기, 구, 게, 고'의 중간 발음입니다. 그러나 か행이 단어의 중간이나 끝에 오면 우리말 'ㄲ'에 가까운 발음이 됩니다. 「く」는 '구'와 '쿠'의 중간으로 발음합니다.

| [ka] | [ki] | [ku] | [ke] | [ko] |
|---|---|---|---|---|
| か | き | く | け | こ |
| カ | キ | ク | ケ | コ |

かお [kao] 얼굴  
けしき [kesiki] 경치  
キー [ki:] 열쇠  

きく [kiku] 국화  
こえ [koe] 목소리  
ケーキ [ke:ki] 케이크  

くすり [kusuri] 약  
カメラ [kamera] 카메라  

 さ행

さ행은 우리말의 '사, 시, 수, 세, 소' 와 발음이 비슷합니다. 「す」는 '수'와 '스'의 중간 발음이지만, 단어 끝이나 문장 끝에 오면 '스'에 가까운 발음이 됩니다.

| [sa] | [si] | [su] | [se] | [so] |
|---|---|---|---|---|
| さ | し | す | せ | そ |
| サ | シ | ス | セ | ソ |

さしみ [sasimi] 회
せき [seki] 기침
システム [sisutemu] 시스템

しお [sio] 소금
そら [sora] 하늘
ソウル [souru] 서울

すもう [sumo:] 스모
サラダ [sarada] 샐러드

 た행

た행의 「た, て, と」는 우리말 'ㄷ'과 'ㅌ'의 중간 발음에 가깝습니다. 단독으로 발음하거나 단어의 첫 머리에 오면 '타, 테, 토'로 발음하지만, 단어의 중간이나 끝에 오면 '따, 떼, 또'와 같이 약간 세게 발음 합니다. 「ち」는 '치', 「つ」는 '쯔'와 '츠'의 중간으로 발음합니다.

| [ta] | [chi] | [tsu] | [te] | [to] |
|---|---|---|---|---|
| た | ち | つ | て | と |
| タ | チ | ツ | テ | ト |

たこ [tako] 문어
て [te] 손
チーズ [chi:zu] 치즈

ち [chi] 피
とし [tosi] 나이
テレビ [terebi] 텔레비전

つなみ [tsunami] 해일
タイ [tai] 태국

 な행

な행은 우리말의 '나, 니, 누, 네, 노'와 발음이 거의 같습니다. 단, 「ぬ」는 '누'와 '느'의 중간으로 발음합 니다.

| [na] | [ni] | [nu] | [ne] | [no] |
|---|---|---|---|---|
| な | に | ぬ | ね | の |
| ナ | ニ | ヌ | ネ | ノ |

なまえ [namae] 이름
ねこ [neko] 고양이
ネクタイ [nekutai] 넥타이

にく [niku] 고기
のり [nori] 김
ノート [no:to] 노트

ぬの [nuno] 천
ナイト [naito] 밤

 **は행**

は행은 우리말의 '하, 히, 후, 헤, 호'와 발음이 거의 같습니다. 단, 「ふ」는 '후'와 '흐'의 중간으로 발음합니다.

| [ha] | [hi] | [hu] | [he] | [ho] |
|---|---|---|---|---|
| は | ひ | ふ | へ | ほ |
| ハ | ヒ | フ | へ | ホ |

はな [hana] 꽃　　　　　ひと [hito] 사람　　　　ふね [hune] 배
へや [heya] 방　　　　　ほし [hosi] 별　　　　　ヒーロー [hiːroː] 영웅
ヘア [hea] 헤어　　　　　ホテル [hoteru] 호텔

 **ま행**

ま행은 우리말의 '마, 미, 무, 메, 모'와 발음이 거의 같습니다. 단, 「む」는 '무'와 '므'의 중간으로 발음합니다.

| [ma] | [mi] | [mu] | [me] | [mo] |
|---|---|---|---|---|
| ま | み | む | め | も |
| マ | ミ | ム | メ | モ |

まち [machi] 거리　　　　みち [michi] 길　　　　　むら [mura] 마을
め [me] 눈　　　　　　　　もも [momo] 복숭아　　　マスコミ [masukomi] 매스컴
ミルク [miruku] 밀크　　　メモ [memo] 메모

 **や행**

や행은 우리말의 '야, 유, 요'와 발음이 거의 같습니다. 단, 「ゆ」와 「よ」는 우리말처럼 입술을 앞으로 내밀어 발음하지 않습니다.

| [ya] | [yu] | [yo] |
|---|---|---|
| や | ゆ | よ |
| ヤ | ユ | ヨ |

やま [yama] 산　　　　　ゆき [yuki] 눈　　　　　よる [yoru] 밤
ヤード [yaːdo] 야드　　　ユーモア [yuːmoa] 유머　　ヨガ [yoga] 요가

 행

ら행은 우리말의 '라, 리, 루, 레, 로'와 발음이 거의 같습니다. 「る」는 '루'와 '르'의 중간이 아닌, '루'에 가까운 발음입니다.

| [ra] | [ri] | [ru] | [re] | [ro] |
|---|---|---|---|---|
| ら | り | る | れ | ろ |
| ラ | リ | ル | レ | ロ |

**らくだ**[rakuda] 낙타 　　　　**りす**[risu] 다람쥐 　　　　**るす**[rusu] 부재중
**れい**[reː] 숫자 0 　　　　　**ろく**[roku] 6 　　　　　**リストラ**[risutora] 명예퇴직
**レストラン** [resuroraN] 레스토랑 　　**ロシア**[rosia] 러시아

 행

「わ」는 반모음이며 우리말의 '와'와 발음이 비슷합니다. 「を」는 あ행의 「お」와 발음이 같으며, 목적격 조사 '〜을/를'로만 쓰입니다.

| [wa] | [o] |
|---|---|
| わ | を |
| ワ | ヲ |

**わたし** [watasi] 나 　　　　**ほんを** [hoNo] 책을 　　　　**ワイフ** [waihu] 아내

「ん」은 '응' 이라고 읽으며, 단어의 처음에 오는 경우는 없습니다. 「ん」은 뒤에 오는 음에 따라 'ㄴ[n], ㅁ[m], ㅇ[ŋ]' 또는 'ㄴ'과 'ㅇ'의 중간음 [N]으로 발음이 달라집니다.

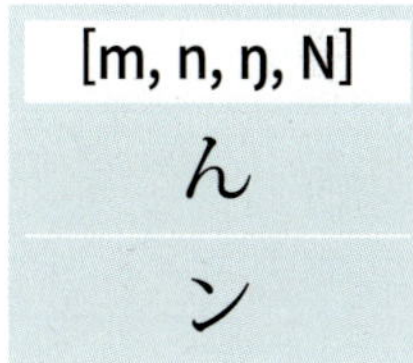

| [m, n, ŋ, N] |
|---|
| ん |
| ン |

**あんま**[amma] 안마, 마사지 　　　**かんじ**[kanzi] 한자 　　　**りんご**[riŋgo] 사과
**でんわ**[deNwa] 전화

# 일본어 문자와 발음 (2)

# 탁음(濁音)

탁음이란 か행, さ행, た행, は행 글자의 오른쪽 위에 탁점「 ゛」을 붙인 글자입니다.

##  が행

が행의 발음은 영어의「g」와 같습니다.

| [ga] | [gi] | [gu] | [ge] | [go] |
|---|---|---|---|---|
| が | ぎ | ぐ | げ | ご |
| ガ | ギ | グ | ゲ | ゴ |

がいこく [gaikoku] 외국  
げっこう [gekkou] 월광  
グリル [guriru] 그릴  

ぎり [giri] 의리, 도리  
ご [go] 5  
ゲリラ [gerira] 게릴라  

ぐあい [guai] 형편, 상태  
ガス [gasu] 가스  

##  ざ행

ざ행은 우리말에 없어서 힘든 발음 중 하나로, ざ행의 자음은 영어의「z」발음에 해당합니다. さ행 「さ、し、す、せ、そ」발음의 입모양을 그대로 한 채, 성대를 울려서 발음합니다.

| [za] | [ji] | [zu] | [ze] | [zo] |
|---|---|---|---|---|
| ざ | じ | ず | ぜ | ぞ |
| ザ | ジ | ズ | ゼ | ゾ |

ざくろ [zakuru] 석류  
かぜ [kaze] 감기  
ズーム [zu:mu] 줌  

じこ [jiko] 사고  
ぞう [zo:] 코끼리  
ゼロ [zero] 0  

ず [zu] 그림  
ジーパン [ji:paN] 청바지  

## だ행

だ행의「だ、で、ど」의 자음 발음은 영어「d」발음과 같고,「ぢ」는「じ」와,「づ」는「ず」과 발음이 같습니다.「ぢ、づ」는 현재 특별한 경우 외에는 쓰이지 않습니다.

| [da] | [ji] | [zu] | [de] | [do] |
|---|---|---|---|---|
| だ | ぢ | づ | で | ど |

| ダ | ヂ | ヅ | デ | ド |
| --- | --- | --- | --- | --- |

からだ [karada] 몸
そで [sode] 소매
デート [de:to] 데이트

はなぢ [hanaji] 코피
いど [ido] 우물
ドリア [doria] 도리아

こづかい [kozukai] 용돈
ダイヤ [daiya] 다이아몬드

 **ば**행

ば행은 우리말의 '바, 비, 부, 베, 보'로 나타내기는 하지만, 우리말과 달리 성대를 울려 내는 소리입니다.

| [ba] | [bi] | [bu] | [be] | [bo] |
| --- | --- | --- | --- | --- |
| ば | び | ぶ | べ | ぼ |
| バ | ビ | ブ | ベ | ボ |

はば [haba] 폭
うみべ [umibe] 해변
ビール [bi:ru] 맥주

えび [ebi] 새우
ぼうし [bo:si] 모자
ボイス [boisu] 목소리

ぶたにく [butaniku] 돼지고기
バラ [bara] 장미

# 반탁음(半濁音)

はんだくおん

 Track 03

반탁음은 は행 글자의 오른쪽 위에 반탁점「 ゜」을 붙인 글자로, は행에서만 나타납니다.

 **ぱ**행

ぱ행은 단어의 첫 머리에서는 '파, 피, 푸, 페, 포'에 가까운 발음이지만, 단어의 중간이나 끝에 오면 '빠, 삐, 뿌, 뻬, 뽀'와 같이 강하게 발음합니다.

| [pa] | [pi] | [pu] | [pe] | [po] |
| --- | --- | --- | --- | --- |
| ぱ | ぴ | ぷ | ぺ | ぽ |
| パ | ピ | プ | ペ | ポ |

ぱちぱち [pachipachi] 깜빡깜빡
ぺこぺこ [pekopeko] 꼬르륵 꼬르륵
ピアノ [piano] 피아노

ぴかぴか [pikapika] 반짝반짝
ぽかぽか [pokapoka] 따끈따끈
ページ [pe:zi] 페이지

ぷりぷり [puripuri] 탱탱
パスポート [pasupo:to] 여권

 Track 04

「い」를 제외한 い단 「き、し、ち、に、ひ、み、り、ぎ、じ、び、ぴ」 뒤에 반모음 「や、ゆ、よ」를 작게 붙여 한 글자처럼 발음하는 것을 말합니다.

| [kya] | | [kyu] | | [kyo] | |
|---|---|---|---|---|---|
| きゃ | キャ | きゅ | キュ | きょ | キョ |

| [gya] | | [gyu] | | [gyo] | |
|---|---|---|---|---|---|
| ぎゃ | ギャ | ぎゅ | ギュ | ぎょ | ギョ |

| [sya] | | [syu] | | [syo] | |
|---|---|---|---|---|---|
| しゃ | シャ | しゅ | シュ | しょ | ショ |

| [ja] | | [ju] | | [jo] | |
|---|---|---|---|---|---|
| じゃ | ジャ | じゅ | ジュ | じょ | ジョ |

| [cha] | | [chu] | | [cho] | |
|---|---|---|---|---|---|
| ちゃ | チャ | ちゅ | チュ | ちょ | チョ |

| [nya] | | [nyu] | | [nyo] | |
|---|---|---|---|---|---|
| にゃ | ニャ | にゅ | ニュ | にょ | ニョ |

| [hya] | | [hyu] | | [hyo] | |
|---|---|---|---|---|---|
| ひゃ | ヒャ | ひゅ | ヒュ | ひょ | ヒョ |

| [bya] | | [byu] | | [byo] | |
|---|---|---|---|---|---|
| びゃ | ビャ | びゅ | ビュ | びょ | ビョ |

| [pya] | | [pyu] | | [pyo] | |
|---|---|---|---|---|---|
| ぴゃ | ピャ | ぴゅ | ピュ | ぴょ | ピョ |

| [mya] | | [myu] | | [myo] | |
|---|---|---|---|---|---|
| みゃ | ミャ | みゅ | ミュ | みょ | ミョ |

| [rya] | | [ryu] | | [ryo] | |
|---|---|---|---|---|---|
| りゃ | リャ | りゅ | リュ | りょ | リョ |

いしゃ [isya] 의사　　おちゃ [ocha] 차　　ぎゅうにく [gyu:niku] 소고기
しゅみ [syumi] 취미　　しょうせつ [syo:setsu] 소설　　きゃく [kyaku] 손님
ちゅうごく [chu:goku] 중국　　じゃがいも [jagaimo] 감자　　ひゃく [hyaku] 숫자 100

# 촉음(促音<sup>そくおん</sup>)



촉음은 우리말의 받침과 같은 역할을 합니다. 「っ」를 가나의 오른쪽 밑에 작게 써서 앞 글자의 받침처럼 발음합니다. 요음과 달리, 독립된 발음 길이를 가지므로 한 번에 빨리 발음하지 않도록 합니다. 뒤에 오는 글자에 따라 발음이 달라지며, 뒤에 오는 발음은 약간 세게 발음합니다.

● か행 앞에서 [k]로 발음

> よっか [yokka] 4일   こっか [kokka] 국가   ゆっくり [yukkuri] 천천히

● さ행 앞에서 [s]로 발음

> ざっし [zassi] 잡지   けっせき [kesseki] 결석   まっすぐ [massugu] 똑바로

● た행 앞에서 [t]로 발음

> きって [kitte] 우표   まったく [mattaku] 전혀   もっと [motto] 더

● ぱ행 앞에서 [p]로 발음

> いっぱい [ippai] 가득   きっぷ [kippu] 표   いっぽん [ippoN] 한 병

「ん」은 우리말의 받침과 같은 역할을 하며, 뒤에 오는 음에 따라 'ㄴ, ㅁ, ㅇ' 또는 'ㄴ'과 'ㅇ'의 중간음으로 발음이 달라집니다. 「さんま」의 경우, [sa-m-ma]의 3박으로 발음합니다. 즉, 우리말의 받침과 같은 역할을 하지만, 「ん」도 1박의 길이를 가지므로 발음에 주의해야 합니다.

● ま、ば、ぱ행 앞에서 [m]로 발음

さんま [samma] 꽁치    はんぶん [hambuN] 반    せんぱい [sempai] 선배

● ざ、た、だ、な、ら행 앞에서 [n]로 발음

せんたく [sentaku] 선택    ほんだな [hondana] 책장    れんらく [renraku] 연락

● か、が행 앞에서 [ŋ]로 발음

でんき [deŋki] 전기    まんが [maŋga] 만화

● あ、は、や、わ행 앞이나, [ん]가 단어의 맨 끝에 올 때 「N」으로 발음

れんあい [reNai] 연애    ほんや [hoNya] 서점    でんわ [deNwa] 전화    えん [eN] 엔



장음은 모음이 연결될 때, 뒤의 모음은 따로 발음하지 않고 앞의 모음을 한 박자 길게 끌어서 발음하는 것을 말합니다. 일본어에서는 장음이 있고 없음에 따라 뜻이 달라집니다. 가타카나의 장음은 「ー」를 써서 나타냅니다.

● あ단 + あ → [a:]

おかあさん [oka:saN] 엄마    おばあさん [oba:saN] 할머니    カー [ka:] 자동차

- い단 + い → [i:]

> おじいさん [oji:saN] 할아버지　おにいさん [oni:saN] 형, 오빠　ビール [bi:ru] 맥주

- う단 + う → [u:]

> くうき [ku:ki] 공기　すうじ [su:zi] 숫자　クーラー [ku:ra:] 에어컨

- え단 + え → [ e: ]

> おねえさん [one:saN] 누나, 언니　セーター [se:ta:] 스웨터

- え단 + い → [ e: ]

> えいが [e:ga] 영화　めいし [me:si] 명함　ケーキ [ke:ki] 케이크

- お단 + お → [ o: ]

> おおい [o:i] 많다　こおり [ko:ri] 얼음　コート [ko:to] 코트

- お단 + う → [ o: ]

> おとうさん [oto:saN] 아버지　きのう [kino:] 어제　ソース [so:su] 소스, 출처

## *발음 비교

- おばさん [obasaN] 아주머니, 고모.이모 ― おばあさん [oba:saN] 할머니
- おじさん [ojisaN] 아저씨, 삼촌 ― おじいさん [oji:saN] 할아버지
- ゆき [yuki] 눈 ― ゆうき [yu:ki] 용기
- めし [mesi] 밥 ― めいし [me:si] 명함
- おい [oi] 조카 ― おおい [o:i] 많다

# 인·사·말



## • 기본인사

おはようございます。 안녕하세요. (아침인사)

こんにちは。 안녕하세요. (점심인사)

こんばんは。 안녕하세요. (저녁인사)

## • 집을 나가고 들어올 때

A : いってきます。 다녀오겠습니다.

B : いってらっしゃい。 다녀오세요.

A : ただいま。 다녀왔습니다.

B : おかえりなさい。 어서오세요.

## • 처음 만날 때

A : はじめまして。どうぞよろしくお願いします。

처음 뵙겠습니다. 잘 부탁드립니다.

B : こちらこそ、どうぞよろしくお願いします。

저야말로 잘 부탁드립니다.

## • 헤어질 때

A : では、また。 그럼, 또.

B : さようなら。 안녕히 가(계)세요.

## • 안부를 물을 때

A : お元気ですか。 잘 지내세요?

B : はい、おかげさまで(元気です)。 네, 덕분에 잘 지냅니다.

- 잠자리에 들 때

  A : お休みなさい。　안녕히 주무세요.

  B : お休み。　잘 자.


- 감사할 때

  A : (どうも) ありがとうございます。　감사합니다.

  B : (いいえ、) どういたしまして。　천만에요.


- 사과할 때

  A : すみません。　죄송합니다.

  B : いいえ、だいじょうぶです。　아니에요, 괜찮습니다.


- 식사할 때

  いただきます。　잘 먹겠습니다.

  ごちそうさまでした。　잘 먹었습니다.


- 기타

  おつかれさまでした。　수고하셨습니다.

  お先に失礼します。　먼저 실례하겠습니다.

  おめでとうございます。　축하합니다.

# 後の祭り

행차 뒤의 나팔, 사후 약방문

(때늦음을 비유)

# お仕事は何ですか。

**직업은 무엇입니까?**

## 학습할 내용

1. 인칭대명사
2. 명사 は 명사 です。 ~은/는 ~입니다.
3. 명사 は 명사 ですか。 ~은/는 ~입니까?
4. はい、명사 です 네, ~입니다.
5. いいえ、명사 ではありません。 아니요, ~이/가 아닙니다.
6. 명사 も 명사 ですか。 ~도 ~입니까?

≫ 다나카 씨가 박(시우) 씨에게 스즈키 씨를 소개합니다.　Track 09

パク　おはようございます。

田中　おはようございます。

　　　パクさん、こちらは鈴木さんです。

パク　はじめまして。パクシウと申します。

　　　よろしくお願いします。

鈴木　鈴木です。こちらこそ、よろしくお願いします。

　　　パクさんは会社員ですか。

パク　いいえ、会社員じゃありません。学生です。鈴木さんは。

鈴木　私は会社員です。

---

**단어**

パク 박(한국인 성)　　田中 다나카(일본인 성)　　こちら 이쪽　　鈴木 스즈키(일본인 성)　　はじめまして 처음 뵙겠습니다

~と申します ~라고 합니다　　よろしくお願いします 잘 부탁드립니다　　こそ ~야말로　　会社員 회사원　　学生 학생

**해석**

**박(시우)**　안녕하세요.

**다나카**　안녕하세요. 박(시우) 씨, 이쪽은 스즈키 씨입니다.

**박(시우)**　처음 뵙겠습니다. 박시우라고 합니다. 잘 부탁드립니다.

**스즈키**　스즈키입니다. 저야말로, 잘 부탁드립니다. 박(시우) 씨는 회사원인가요?

**박(시우)**　아니요, 회사원이 아닙니다. 학생입니다. 스즈키 씨는요?

**스즈키**　저는 회사원입니다.

## 1. 인칭대명사

| 1인칭 | 2인칭 | 3인칭 |
|---|---|---|
| 私<br>(わたし) | あなた | 彼 / 彼女<br>(かれ) (かのじょ) |
| 나(저) | 너(당신) | 그/그녀 |

## 2. 명사 は 명사 です。

~은/는 ~입니다.

「は」는 '~은/는'이라는 뜻의 조사이며, 「は」가 조사로 쓰일 때는 [ha]가 아닌 [wa]로 발음합니다.
「~です」는 '~입니다'라는 뜻의 정중한 표현입니다.

私は会社員です。 나는 회사원입니다.

彼は大学生です。 그는 대학생입니다.

彼女は銀行員です。 그녀는 은행원입니다.

## 3. 명사 は 명사 ですか。

~은/는 ~입니까?

「~です」에 의문을 나타내는 「か」를 붙여 「~ですか」라고 하면, '~입니까?'라고 물어보는 말이 됩니다. 일본어에서는 기본적으로 물음표를 사용하지 않습니다.

彼は韓国人ですか。 그는 한국인입니까?

田中さんは友だちですか。 다나카 씨는 친구입니까?

鈴木さんは先生ですか。 스즈키 씨는 선생님입니까?

단어 ─ 会社員 회사원  大学生 대학생  銀行員 은행원  韓国人 한국인  友だち 친구  先生 선생

## 4. はい、명사 です。

네, ~입니다.

「はい」는 '네'라는 긍정의 대답 표현입니다. '아니요'라는 부정의 대답은 「いいえ」라고 합니다.

はい、中国人です。 네, 중국인입니다.

はい、大学生です。 네, 대학생입니다.

はい、エンジニアです。 네, 엔지니어입니다.


## 5. いいえ、명사 ではありません (＝じゃありません)

아니요, ~ 이/가 아닙니다.

「～では ありません」은 '～이/가 아닙니다'라는 뜻으로, 「～です」의 부정표현입니다. 「じゃ」는 「では」의 축약형으로, 「では」보다 회화체에 많이 쓰입니다.

いいえ、日本人ではありません。 아니요, 일본인이 아닙니다.

いいえ、先生じゃありません。 아니요, 선생이 아닙니다.

いいえ、学生じゃありません。 아니요, 학생이 아닙니다.


## 6. 명사も 명사ですか。

~도 ~입니까?

「も」는 '～도'라는 뜻의 조사입니다.

田中さんも医者ですか。 다나카 씨도 의사입니까?

あなたもモデルですか。 당신도 모델입니까?

彼女も学生ですか。 그녀도 학생입니까?


단어 中国人 중국인　エンジニア 엔지니어　日本人 일본인　医者 의사　モデル 모델

## 1 질문에 〈보기〉와 같이 답해 보세요.

**보기**

A : キムさんは学生ですか。

B1 : はい、学生です。

B2 : いいえ、学生ではありません。

1) A : 鈴木さんは会社員ですか。

B1 : ________________________________________。

B2 : ________________________________________。

2) A : 彼は韓国人ですか。

B1 : ________________________________________。

B2 : ________________________________________。

3) A : 彼女はアメリカ人ですか。

B1 : ________________________________________。

B2 : ________________________________________。

4) A : 山田さんは友だちですか。

B1 : ________________________________________。

B2 : ________________________________________。

단어 ― アメリカ人 미국인

## 2 그림을 보고 〈보기〉와 같이 답해 보세요.

**보기**

A : 田中さんは会社員ですか。
B : いいえ、会社員じゃありません。銀行員です。

銀行員

1)
A : 田中さんは大学生ですか。
B : _______________________________________。

高校生

2)
A : 山田さんは先輩ですか。
B : _______________________________________。

友だち

3)
A : キムさんは後輩ですか 。
B : _______________________________________。

彼氏

4)
A : 彼はイギリス人ですか。
B : _______________________________________。

フランス人

**단어** ― 高校生 고등학생　先輩 선배　後輩 후배　彼氏 남자친구　イギリス人 영국인　フランス人 프랑스인

## 3 그림을 보고 〈보기〉와 같이 답해 보세요.

## 1 문제를 듣고 빈칸을 받아써 보세요.

 Track 10

1) わたしは ＿＿＿＿＿＿＿＿＿ です。

2) 田中さんは ＿＿＿＿＿＿＿＿＿ ですか。
た なか

3) キムさんは ＿＿＿＿＿＿＿＿＿ ではありません。

4) ＿＿＿＿＿＿＿＿＿＿＿＿＿＿＿＿＿＿＿ 。

## 2 문제를 듣고 내용에 맞는 그림을 골라 보세요.

Track 11

1) ＿＿＿＿＿＿　　2) ＿＿＿＿＿＿　　3) ＿＿＿＿＿＿　　4) ＿＿＿＿＿＿

①  

②  

③ 

④  

단어 野球選手 야구선수　カナダ 캐나다
や きゅうせんしゅ

**다음 우리말을 일본어로 써 보세요.**

1 당신은 회사원입니까?

___________________________________________________ 。

2 스즈키 씨는 선배입니까?

___________________________________________________ 。

3 그는 의사입니까? 은행원입니까?

___________________________________________________ 。

4 저는 미국인이 아닙니다. 영국인입니다.

___________________________________________________ 。

5 그녀도 중국인입니까?

___________________________________________________ 。

● 나라(사람 · 언어)

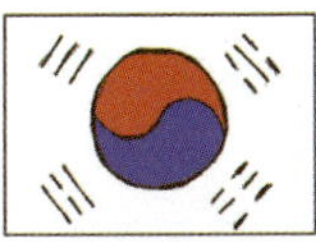

かんこく じん ご
韓国(人・語)
한국(인·어)

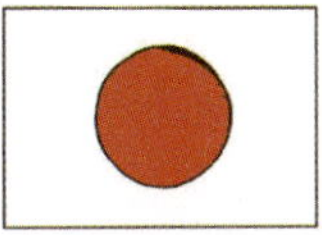

に ほん じん ご
日本(人・語)
일본(인·어)

ちゅうごく じん ご
中国(人・語)
중국(인·어)

じん
アメリカ(人)
미국(인)

じん ご
イタリア(人・語)
이탈리아(인·어)

じん えいご
イギリス(人・英語)
영국(인·영어)

じん ご
フランス(人・語)
프랑스(인 · 어)

じん ご
トルコ(人・語)
터키(인·어)

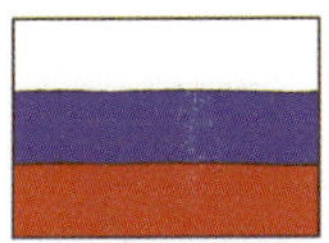

じん ご
ロシア(人・語)
러시아(인·어)

じん
カナダ(人)
캐나다(인)

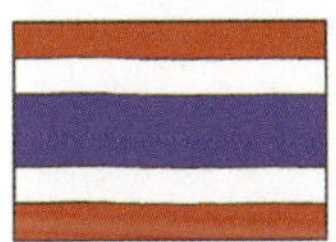

じん ご
タイ(人・語)
태국(인·어)

じん
オーストラリア(人)
호주(인)

じん ご
ベトナム(人・語)
베트남(인·어)

じん ご
ドイツ(人・語)
독일(인·어)

たいわん じん ちゅうごく ご
台湾(人・中国語)
대만(인·중국어)

* 일본에서는 대만어(台湾語)라고 하면 이해하기 어렵고, 보통 대만의 말은 중국어(中国語)라고 합니다.

**言うは易く行うは難し**

말하기는 쉽지만, 행동하기는 어렵다.

말하는 것과 행동하는 것은 별개의 문제이다.

# それは<ruby>何<rt>なん</rt></ruby>ですか。

그것은 무엇입니까?

**학습할 내용**

① 지시사 こ·そ·あ·ど (사물·장소·방향)

② の의 용법

③ 의문사

≫ 다나카 씨가 박(시우) 씨가 읽고 있는 잡지에 대해 묻습니다. 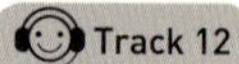 Track 12

田中　パクさん、それは何ですか。

パク　これですか。雑誌です。

田中　何の雑誌ですか。

パク　ファッション雑誌です。

田中　韓国の雑誌ですか。

パク　いいえ、フランスのです。

田中　パクさんのですか。

パク　いいえ、私のじゃありません。友だちのです。

田中　そうですか。

**단어**

それ 그것　何 무엇　これ 이것　雑誌 잡지　ファッション 패션　そうですか 그렇군요

| | |
|---|---|
| **다나카** | 박(시우) 씨, 그것은 무엇입니까? |
| **박(시우)** | 이거요? 잡지입니다. |
| **다나카** | 무슨 잡지예요? |
| **박(시우)** | 패션 잡지입니다. |
| **다나카** | 한국 잡지인가요? |
| **박(시우)** | 아니요. 프랑스 겁니다. |
| **다나카** | 박(시우) 씨 거예요? |
| **박(시우)** | 아니요, 제 것이 아닙니다. 친구 겁니다. |
| **다나카** | 그렇군요. |

## 1. 지시사 こ・そ・あ・ど (사물・장소・방향)

「こ・そ・あ・ど」는 사물, 장소, 방향 등을 나타내는 지시사로, 가리키는 대상과 말하는 사람(또는 듣는 사람)과의 거리에 따라 각각 쓰임이 다릅니다. 또 「この、その、あの、どの」의 형태로 쓰여 명사를 수식하기도 합니다.

| | 근칭 こ (이)<br>말하는 사람에<br>가까운 것을 지칭 | 중칭 そ (그)<br>듣는 사람에<br>가까운 것을 지칭 | 원칭 あ (저)<br>말하는 사람이나 듣는 사람<br>모두에게 멀리 있는 것을 지칭 | 부정칭 ど (어느)<br>지시대상이 분명하지 않은 것,<br>의문을 나타냄 |
|---|---|---|---|---|
| 사물 | これ<br>이것 | それ<br>그것 | あれ<br>저것 | どれ<br>어느 것 |
| 장소 | ここ<br>여기 | そこ<br>거기 | あそこ<br>저기 | どこ<br>어디 |
| 방향 | こちら<br>이쪽 | そちら<br>그쪽 | あちら<br>저쪽 | どちら<br>어느 쪽 |
| 명사 수식 | この + 명사<br>이 ~ | その + 명사<br>그 ~ | あの + 명사<br>저 ~ | どの + 명사<br>어느 ~ |

これはかさです。 이것은 우산입니다.

あれは財布じゃありません。 저것은 지갑이 아닙니다.

ここは病院です。 여기는 병원입니다.

あそこはどこですか。 저기는 어디입니까?

こちらは会社の先輩です。 이쪽은 회사 선배입니다.

トイレはどちらですか。 화장실은 어느 쪽입니까?

この人は誰ですか。 이 사람은 누구입니까?

どのお酒が私のですか。 어느 술이 제 것입니까?

단어 ▶ かさ 우산  財布 지갑  病院 병원  トイレ (toilet) 화장실  誰 누구  お酒 술

## 2. の의 용법

### ① 명사와 명사의 연결

'명사 の 명사'의 형식으로 쓰이며, 앞의 명사는 뒤의 명사의 속성, 성질, 소속을 나타냅니다. 보통 해석하지 않습니다.

これは英語の本です。 이것은 영어책입니다.

それは韓国の車です。 그것은 한국 자동차입니다.

### ② 소유격 '～의'

私のかばんです。 제(나의) 가방입니다.

田中さんのケータイです。 다나카 씨의 핸드폰입니다.

### ③ 소유대명사 '～의 것'

パソコンは私のです。 컴퓨터는 제 것(나의 것)입니다.

この時計は鈴木さんのです。 이 시계는 스즈키 씨의 것입니다.

단어 — 本 책　車 자동차　かばん 가방　ケータイ (携帯電話) 핸드폰　パソコン (personal computer) 컴퓨터　時計 시계

## 3. 의문사

| <ruby>何<rt>なん/なに</rt></ruby> | どこ | <ruby>誰<rt>だれ</rt></ruby> | どれ |
|---|---|---|---|
| 무엇 | 어디 | 누구 | 어느 것 |

A: これは<ruby>何<rt>なん</rt></ruby>ですか。 이것은 무엇입니까?

B: (それは)<ruby>雑誌<rt>ざっし</rt></ruby>です。 (그것은) 잡지입니다.

A: トイレはどこですか。 화장실은 어디입니까?

B: あそこです。 저기입니다.

A: このかさは<ruby>誰<rt>だれ</rt></ruby>のかさですか。 이 우산은 누구의 우산입니까?

B: それは<ruby>私<rt>わたし</rt></ruby>のかさです。 그것은 제 우산입니다.

A: <ruby>山田<rt>やま だ</rt></ruby>さんのパソコンはどれですか。 야마다 씨의 컴퓨터는 어느 것입니까?

B: これです。 이것입니다.

1 질문에 〈보기〉와 같이 답해 보세요.

> **보기**
>
> A : これは電話ですか。
>
> B₁ : はい、(それは)電話です。
>
> B₂ : いいえ、(それは)電話じゃありません。

1) A : これは本ですか。

   B₁ : ___________________________________。

   B₂ : ___________________________________。

2) A : これは時計ですか。

   B₁ : ___________________________________。

   B₂ : ___________________________________。

3) A : それはかさですか。

   B₁ : ___________________________________。

   B₂ : ___________________________________。

4) A : あれは新聞ですか。

   B₁ : ___________________________________。

   B₂ : ___________________________________。

단어 ┤ 電話 전화　新聞 신문

## 2  그림을 보고 〈보기〉와 같이 답해 보세요.

보기

A : ここは学校ですか。
B : いいえ、学校じゃありません。会社です。

1)
A : ここは会社ですか。
B : ________________________________________。

銀行

2)
A : そこは大学ですか。
B : ________________________________________。

病院

3)
A : あそこはパン屋ですか。
B : ________________________________________。

花屋

4)
A : そこは中国ですか。
B : ________________________________________。

日本

단어 — パン屋 빵집　花屋 꽃집

## 3 그림을 보고 〈보기〉와 같이 답해 보세요.

보기

鈴木

花子：このかばんは田中さんのですか。
田中：いいえ、私のかばんじゃありません。
　　　鈴木さんのです。

1)
佐藤

花子：このケータイは田中さんのですか。
田中：＿＿＿＿＿＿＿＿＿＿＿＿＿＿＿＿＿＿＿。

2)
キム

花子：そのかさはパクさんのですか。
田中：＿＿＿＿＿＿＿＿＿＿＿＿＿＿＿＿＿＿＿。

3)
優子

花子：あのめがねはチェさんのですか。
田中：＿＿＿＿＿＿＿＿＿＿＿＿＿＿＿＿＿＿＿。

4)
田中

花子：あの自転車は鈴木さんのですか。
田中：＿＿＿＿＿＿＿＿＿＿＿＿＿＿＿＿＿＿＿。

4 알맞은 의문사를 골라 〈보기〉와 같이 말해 보세요.

> だれ　　どれ　　いつ　　何<sup>なん</sup>　　どこ

**보기**

A : これは(何<sup>なん</sup>)ですか。

B : かばんです。

1) A : あれは(　　　　)ですか。

B : ケータイです。

2) A : 田中<sup>た なか</sup>さんは(　　　　)ですか。

B : 私<sup>わたし</sup>です。

3) A : あそこは(　　　　)ですか。

B : 学校<sup>がっこう</sup>です。

4) A : 佐藤<sup>さ とう</sup>さんの時計<sup>と けい</sup>は(　　　　)ですか。

B : これです。

**단어** ― いつ 언제

## 1 문제를 듣고 빈칸을 받아써 보세요.

Track 13

1) このかさは ________________ です。

2) デパートは ________________ ですか。

3) これは ________________ ですか。

4) ここは ________________________ 。

## 2 문제를 듣고 내용에 맞는 그림을 골라 보세요.

Track 14

1) __________    2) __________    3) __________    4) __________

① 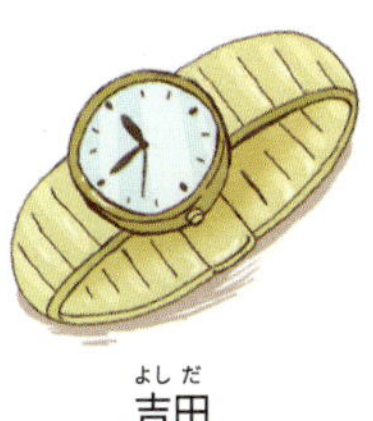
よし だ
吉田

② 
あゆみ

③ 
た なか
田中

④ 
すず き
鈴木

단어 ぎゅうにゅう 우유

**다음 우리말을 일본어로 써 보세요.**

1 이 우산은 저의 우산이 아닙니다.

_______________________________________________________________ 。

2 여기는 학교입니다.

_______________________________________________________________ 。

3 이것은 무엇입니까? 시계입니다.

_______________________________________________________________ 。

4 야마다 씨의 책입니까? 아니오, 다나카 씨의 것입니다.

_______________________________________________________________ 。

5 이 커피는 누구의 커피입니까? (コーヒー : 커피)

_______________________________________________________________ 。

● 사물

ぼうし
모자

机（つくえ）
책상

椅子（いす）
의자

服（ふく）
옷

かがみ
거울

くつ
구두

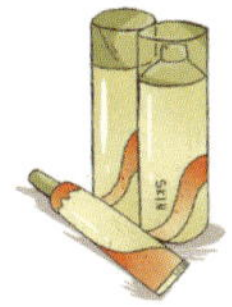
化粧品（けしょうひん）
화장품

マウス
마우스

● 장소

ラーメン屋（や）
라면집

デパート
백화점

交番（こうばん）
파출소

郵便局（ゆうびんきょく）
우체국

居酒屋（いざかや）
술집

本屋（ほんや）
서점

公園（こうえん）
공원

映画館（えいがかん）
영화관

"

<ruby>急<rt>いそ</rt></ruby>がば<ruby>回<rt>まわ</rt></ruby>れ

급할수록 돌아가라

# <ruby>映<rt>えい</rt></ruby><ruby>画<rt>が</rt></ruby>は<ruby>何<rt>なん</rt></ruby><ruby>時<rt>じ</rt></ruby>からですか。

**영화는 몇 시부터입니까?**

### 학습할 내용

❶ 숫자 0~100

❷ 시간 말하기

　① <ruby>何時<rt>なんじ</rt></ruby>ですか。 몇 시입니까?

　② <ruby>何分<rt>なんぷん</rt></ruby>ですか。 몇 분입니까?

❸ ～から～まで ～부터(에서) ～까지

≫ 박(시우) 씨와 다나카 씨가 극장 앞에서 대화를 나눕니다.　　Track 15

田中　パクさん、映画は何時からですか。

パク　7時から9時半までです。

田中　2時間半ですか。

パク　はい、そうです。

田中　今、何時ですか。

パク　6時です。

田中　まだですね。では、コーヒーでもいかがですか。

パク　いいですね。

単어

何時 몇 시　　～から ～부터　　半 반　　時間 시간　　まだ 아직　　では 그럼　　～でもいかがですか ～라도 어떻습니까?

いいですね 좋습니다

| | |
|---|---|
| 다나카 | 박(시우) 씨, 영화는 몇 시부터예요? |
| 박(시우) | 7시부터 9시 반까지입니다. |
| 다나카 | 2시간 반이에요? |
| 박(시우) | 네, 그렇습니다. |
| 다나카 | 지금, 몇 시예요? |
| 박(시우) | 6시예요. |
| 다나카 | 아직이네요. 그럼 커피 어때요? |
| 박(시우) | 좋아요. |

## 1. 숫자 0~100

일본어 숫자 4, 7, 9는 시간, 분, 월(月) 등 각 경우에 따라 다양한 방법으로 말하기 때문에 구분하여 기억해야 합니다.

| | | | |
|---|---|---|---|
| 0 | ゼロ·れい | 10 | じゅう |
| 1 | いち | 20 | にじゅう |
| 2 | に | 30 | さんじゅう |
| 3 | さん | 40 | よんじゅう |
| 4 | よん·し·よ | 50 | ごじゅう |
| 5 | ご | 60 | ろくじゅう |
| 6 | ろく | 70 | ななじゅう |
| 7 | なな·しち | 80 | はちじゅう |
| 8 | はち | 90 | きゅうじゅう |
| 9 | きゅう·く | 100 | ひゃく |

**11:** じゅういち　　**15:** じゅうご　　**27:** にじゅうなな

**34:** さんじゅうよん　　**46:** よんじゅうろく　　**168:** ひゃくろくじゅうはち

## 2. 시간 말하기

① **何時ですか。** 몇 시입니까?

| | | | |
|---|---|---|---|
| 1時 | いちじ | 7時 | しちじ |
| 2時 | にじ | 8時 | はちじ |
| 3時 | さんじ | 9時 | くじ |
| 4時 | よじ | 10時 | じゅうじ |
| 5時 | ごじ | 11時 | じゅういちじ |
| 6時 | ろくじ | 12時 | じゅうにじ |

② <ruby>何分<rt>なんぷん</rt></ruby>ですか。 몇 분입니까?

「分」은 「ぷん, ふん」 두 가지로 발음됩니다. 1, 3, 4, 6, 8, 10분의 경우 「ぷん」로 발음하며, 나머지는 「ふん」로 발음합니다. 10분의 경우, 「じゅっぷん」과 「じっぷん」둘 다 쓰입니다.

| | | | |
|---|---|---|---|
| 1分 | いっぷん | 15分 | じゅうごふん |
| 2分 | にふん | 20分 | にじゅっぷん (にじっぷん) |
| 3分 | さんぷん | 25分 | にじゅうごふん |
| 4分 | よんぷん | 30分 (=半) | さんじゅっぷん (さんじっぷん) |
| 5分 | ごふん | | |
| 6分 | ろっぷん | 35分 | さんじゅうごふん |
| 7分 | ななふん | 40分 | よんじゅっぷん (よんじっぷん) |
| 8分 | はっぷん | 45分 | よんじゅうごふん |
| 9分 | きゅうふん | 50分 | ごじゅっぷん (ごじっぷん) |
| 10分 | じゅっぷん (じっぷん) | 55分 | ごじゅうごふん |

<ruby>今<rt>いま</rt></ruby>、<ruby>何時<rt>なんじ</rt></ruby>ですか。 7<ruby>時<rt>しちじ</rt></ruby>です。 지금 몇 시입니까? 7시입니다.

<ruby>今<rt>いま</rt></ruby>、<ruby>何時<rt>なんじ</rt></ruby>ですか。 9<ruby>時<rt>くじ</rt></ruby>30<ruby>分<rt>さんじゅっぷん</rt></ruby>(<ruby>半<rt>はん</rt></ruby>)です。 지금 몇 시입니까? 9시 30분(반)입니다.

<ruby>今<rt>いま</rt></ruby>、<ruby>何時<rt>なんじ</rt></ruby>ですか。 4<ruby>時<rt>よじ</rt></ruby>10<ruby>分<rt>じゅっぷん</rt></ruby><ruby>前<rt>まえ</rt></ruby>です。 지금 몇 시입니까? 4시 10분 전입니다.


## 3. ～から～まで

～부터(에서) ～까지

<ruby>学校<rt>がっこう</rt></ruby>は<ruby>何時<rt>なんじ</rt></ruby>から<ruby>何時<rt>なんじ</rt></ruby>までですか。 학교는 몇 시부터 몇 시까지입니까?

<ruby>銀行<rt>ぎんこう</rt></ruby>は<ruby>午前<rt>ごぜん</rt></ruby>9<ruby>時<rt>くじ</rt></ruby>から<ruby>午後<rt>ごご</rt></ruby>4<ruby>時<rt>よじ</rt></ruby>までです。 은행은 오전 9시부터 오후 4시까지입니다.

<ruby>会議<rt>かいぎ</rt></ruby>は8<ruby>時<rt>はちじ</rt></ruby>30<ruby>分<rt>さんじゅっぷん</rt></ruby>から6<ruby>時<rt>ろくじ</rt></ruby>までです。 회의는 8시 30분부터 6시까지입니다.

ソウルから<ruby>東京<rt>とうきょう</rt></ruby>までです。 서울에서 동경까지입니다.


단어 — <ruby>今<rt>いま</rt></ruby> 지금　<ruby>前<rt>まえ</rt></ruby> 전, 앞　<ruby>午前<rt>ごぜん</rt></ruby> 오전　<ruby>午後<rt>ごご</rt></ruby> 오후　<ruby>会議<rt>かいぎ</rt></ruby> 회의　ソウル 서울　<ruby>東京<rt>とうきょう</rt></ruby> 동경

**1** 다음 질문에 〈보기〉와 같이 답해 보세요.

ケータイ(携帯電話)の番号は何番ですか。

**보기**

(010-2345-6789)

ぜろいちぜろ**の** にさんよんご**の** ろくななはちきゅうです。

* のは [-]에 해당

1) 010-3390-1234

2) 010-5421-8997

3) 010-6809-4455

4) 010-5980-2147

5) 010-6880-9870

6) 010-3327-7564

**2** 그림을 보고 다음 질문에 답해 보세요.

今、何時ですか。

1)

2)

3)

4)

5)

6)

## 3 질문에 〈보기〉와 같이 답해 보세요.

> **보기**
>
> A：学校は何時から何時までですか。(午前9時～午後6時)
> B：午前9時から午後6時までです。

1) A：銀行は何時から何時までですか。(午前9時～午後4時)

   B：＿＿＿＿＿＿＿＿＿＿＿＿＿＿＿＿＿＿＿＿＿＿＿＿。

2) A：映画は何時から何時までですか。(午後2時半～4時半)

   B：＿＿＿＿＿＿＿＿＿＿＿＿＿＿＿＿＿＿＿＿＿＿＿＿。

3) A：仕事は何時から何時までですか。(午前8時～午後5時半)

   B：＿＿＿＿＿＿＿＿＿＿＿＿＿＿＿＿＿＿＿＿＿＿＿＿。

4) A：昼休みは何時から何時までですか。(午前11時50分～午後12時50分)

   B：＿＿＿＿＿＿＿＿＿＿＿＿＿＿＿＿＿＿＿＿＿＿＿＿。

5) A：アルバイト は何時から何時までですか。(午後1時～9時)

   B：＿＿＿＿＿＿＿＿＿＿＿＿＿＿＿＿＿＿＿＿＿＿＿＿。

**단어** 仕事 일　　昼休み 점심시간　　アルバイト(バイト) 아르바이트

**1** 문제를 듣고 빈칸을 받아써 보세요.  Track 16

1) バイトは ＿＿＿＿＿＿＿＿＿ です。

2) ケータイの番号は010－ ＿＿＿＿＿＿＿＿＿ です。

3) ＿＿＿＿＿＿＿＿＿ は9時から ＿＿＿＿＿＿＿＿＿ までです。

4) ＿＿＿＿＿＿＿＿＿＿＿＿＿＿＿＿＿＿＿。

**2** 문제를 듣고 질문에 맞는 답을 골라 보세요.  Track 17

1) 仕事は何時から何時までですか。
　① ９時〜６時　　　② ８時〜９時

2) デパートは何時までですか。
　① 10 時半　　　② ８時半

3) スーパーは何時からですか。
　① 午前 6 時　　　② 夜 10 時

4) キムさんのケータイ番号は何番ですか。
　① 010-3395-8563　　　② 010-3394-8563

단어 デパート 백화점　スーパー 슈퍼마켓　夜 밤

**다음 우리말을 일본어로 써 보세요.**

**1** 수업은 몇 시부터 몇 시까지입니까?  (授業<sub>じゅぎょう</sub> : 수업)

_______________________________________________________ 。

**2** 점심 시간은 12시부터입니다.

_______________________________________________________ 。

**3** 회의는 3시부터 5시 30분까지입니다. (会議<sub>かいぎ</sub> : 회의)

_______________________________________________________ 。

**4** 은행은 오전 9시부터 오후 4시까지입니다.

_______________________________________________________ 。

**5** 테스트는 6시 30분부터 7시 15분까지입니다. (テスト : 테스트)

_______________________________________________________ 。

## ● 다양한 편의시설

ぎんこう
銀行
은행

やっきょく
薬局
약국

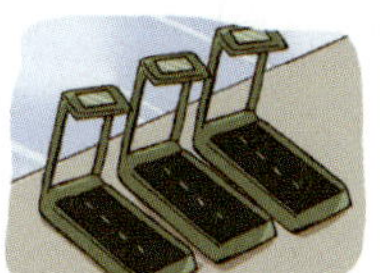

ジム
헬스클럽

スーパー
슈퍼마켓

びょういん
美容院
미용실

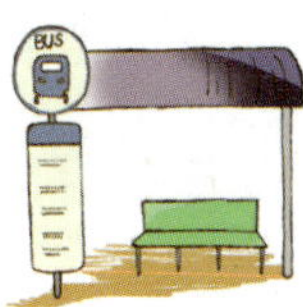

てい
バス停
버스 정류장

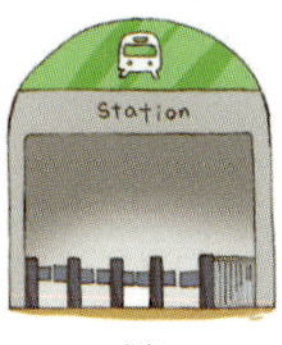

えき
駅
역

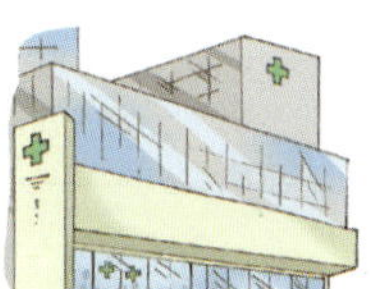

びょういん
病院
병원

びじゅつかん
美術館
미술관

や
クリーニング屋
세탁소

コンビニ
편의점

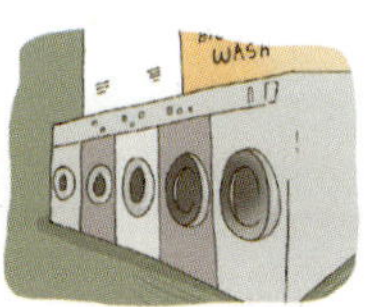

コインランドリー
빨래방

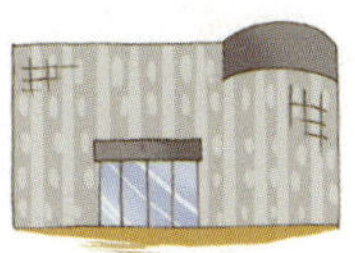

くやくしょ
区役所
구청

としょかん
図書館
도서관

はくぶつかん
博物館
박물관

ディズニーランド
디즈니랜드

**一を聞いて10を知る**

하나를 들으면 열을 안다

# 今日はいい天気ですね。

**오늘 날씨가 좋네요.**

**학습할 내용**

**❶ い형용사**

① 기본형  ② 정중형  ③ 부정형  ④ 명사 수식

⑤ い형용사의 연결 ～くて : ～하고, 해서

**❷ 접속조사 ～が (けど)** ～ 지만, 다만

**❸ 명사 はどうですか** ～은/는 어떻습니까?

≫ 박(시우) 씨와 다나카 씨가 한국과 일본의 날씨에 대해 이야기합니다.    Track 18

田中　今日はいい天気ですね。

パク　そうですね。暖かくていいですね。

田中　韓国の天気はどうですか。

パク　日本とほとんど同じです。

田中　そうですか。日本の夏はとても暑いですが、韓国も暑いですか。

パク　韓国も暑いですが、日本より暑くないです。

田中　冬も日本より寒くないですか。

パク　いいえ、冬はもっと寒いです。

---

**단어**

今日 오늘　　いい 좋다　　天気 날씨　　～ね ~네요　　暖かい 따뜻하다　　どうですか 어떻습니까?　　ほとんど 거의

同じです 같습니다　　夏 여름　　暑い 덥다　　～より ~보다　　寒い 춥다　　冬 겨울　　もっと 더

**해석**

| | |
|---|---|
| 다나카 | 오늘 날씨가 좋네요. |
| 박(시우) | 그렇네요. 따뜻하고 좋네요. |
| 다나카 | 한국 날씨는 어때요? |
| 박(시우) | 일본과 거의 같습니다. |
| 다나카 | 그래요? 일본의 여름은 너무 덥습니다만, 한국도 더워요? |
| 박(시우) | 한국도 덥지만, 일본보다는 덥지 않습니다. |
| 다나카 | 겨울도 일본보다 춥지 않나요? |
| 박(시우) | 아니요, 겨울은 좀 더 춥습니다. |

## 1. い 형용사

일본어의 형용사는 어미의 형태에 따라 い형용사와 な형용사로 나뉩니다. い형용사는 기본형이 「〜い」로 끝나고, 명사를 수식할 때 「〜い」의 형태로 수식합니다.

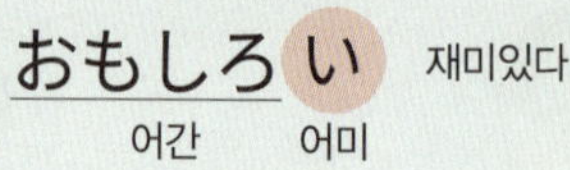


### ① 기본형 : 어간 + い

い형용사의 기본형은 어미가 「い」로 끝나며, 어미 「い」를 변화시켜 활용합니다.

映画はおもしろい。 영화는 재미있다.

すしはおいしい。 초밥은 맛있다.

毎日、忙しい。 매일, 바쁘다.

### ② 정중형: 기본형 + です

い형용사의 정중형은 기본형에 「です」를 붙입니다.

映画はおもしろいです。 영화는 재미있습니다.

すしはおいしいです。 초밥은 맛있습니다.

毎日、忙しいです。 매일, 바쁩니다.

---

단어 ─ おもしろい 재미있다   すし 초밥   おいしい 맛있다   毎日 매일   忙しい 바쁘다

③ 부정형

'~지 않다'라는 부정형은 어미 「い」를 「く」로 바꾸고, 부정을 나타내는 「ない」를 붙입니다. 「ない」
뒤에 「です」를 붙이면 '~지 않습니다'라는 정중형이 됩니다. 「ないです」 대신에 「ありません」을
쓰면 조금 더 정중한 표현이 됩니다.

어간 ⓘ → ⓒ + ない → 어간 くない (~지 않다)

어간 くないです / 어간 くありません (~지 않습니다)

私の部屋は広くない。 내 방은 넓지 않다.

中国語は難しくないです。 중국어는 어렵지 않습니다.

この時計は安くありません。 이 시계는 싸지 않습니다.

* 「いい、よい」는 둘 다 '좋다'라는 뜻의 い형용사이지만, 부정형을 만들 때는 「よい」를 사용합니다.
　いい、よい ⇒ よくない (よくないです / よくありません)


④ 명사수식: 기본형 + 명사

い형용사가 명사를 수식할 때는 기본형 뒤에 바로 명사를 씁니다.

おもしろい映画 (おもしろくない映画) 재미있는 영화 (재미없는 영화)

いい天気 (よくない天気) 좋은 날씨 (좋지 않은 날씨)

おいしいパン (おいしくないパン) 맛있는 빵 (맛없는 빵)

단어 - 部屋 방　広い 넓다　難しい 어렵다　安い 싸다

⑤ **い형용사의 연결 ~くて : ~하고, 해서**

'~하고', '~해서'에 해당하는 일본어 표현은 「て」이며, い형용사의 'て형'은 어미 「い」를 「く」로 바꾸고 「て」를 붙입니다.

> 어간 ⓘ → ⓚ + て → 어간くて (~하고, ~해서)

この料理はおいしくて安いです。 이 요리는 맛있고 쌉니다.

学校は近くていいです。 학교는 가깝고 좋습니다.

今日は暖かくていい天気です。 오늘은 따뜻하고 좋은 날씨입니다.


## 2. 접속조사 ~が(けど)

~지만, 다만

「が」는 '~지만'이란 의미의 접속조사로, 상반되는 내용을 연결할 때 사용합니다. 「けど」도 비슷한 의미이며, 「が」보다 회화체에 더 많이 쓰입니다.

この料理はおいしいですが、高いです。 이 요리는 맛있지만, 비쌉니다.

田中さんの部屋は広いですが、明るくないです。 다나카 씨의 방은 넓지만, 밝지 않습니다.

その映画はおもしろいですが(けど)、長いです。 그 영화는 재미있지만, 깁니다.


## 3. 명사 はどうですか。

~은/는 어떻습니까?

最近、仕事はどうですか。 최근, 일은 어떠세요?

日本語の勉強はどうですか。 일본어 공부는 어떠세요?

新しい家はどうですか。 새 집은 어떠세요?


---

**[단어]** 料理 요리　近い 가깝다　暖かい 따뜻하다　高い 비싸다　明るい 밝다　長い 길다　最近 최근　勉強 공부
新しい 새롭다　家 집

## 1 질문에 〈보기〉와 같이 답해 보세요.

**보기**

A : このパソコンは重いですか。

B₁ : はい、重いです。

B₂ : いいえ、重くないです(重くありません)。

1) A : このジュースは甘いですか。

B₁ : ＿＿＿＿＿＿＿＿＿＿＿＿＿＿＿＿＿＿＿＿＿＿＿＿。

B₂ : ＿＿＿＿＿＿＿＿＿＿＿＿＿＿＿＿＿＿＿＿＿＿＿＿。

2) A : 今日は暖かいですか。

B₁ : ＿＿＿＿＿＿＿＿＿＿＿＿＿＿＿＿＿＿＿＿＿＿＿＿。

B₂ : ＿＿＿＿＿＿＿＿＿＿＿＿＿＿＿＿＿＿＿＿＿＿＿＿。

3) A : デザインはいいですか。

B₁ : ＿＿＿＿＿＿＿＿＿＿＿＿＿＿＿＿＿＿＿＿＿＿＿＿。

B₂ : ＿＿＿＿＿＿＿＿＿＿＿＿＿＿＿＿＿＿＿＿＿＿＿＿。

4) A : この服はかわいいですか。

B₁ : ＿＿＿＿＿＿＿＿＿＿＿＿＿＿＿＿＿＿＿＿＿＿＿＿。

B₂ : ＿＿＿＿＿＿＿＿＿＿＿＿＿＿＿＿＿＿＿＿＿＿＿＿。

単어 ― 重い 무겁다　ジュース 주스　甘い 달다　デザイン 디자인　服 옷　かわいい 귀엽다. 예쁘다

## 2 그림을 보고 〈보기〉와 같이 답해 보세요.

보기

A : 駅は近いですか。
B : いいえ、近くないです。遠いです。

1)
暗い

A : 田中さんの部屋は明るいですか。
B : ＿＿＿＿＿＿＿＿＿＿＿＿＿＿＿＿＿。

2)
古い

A : 課長のケータイは新しいですか。
B : ＿＿＿＿＿＿＿＿＿＿＿＿＿＿＿＿＿。

3)
小さい

A : 鈴木さんのかばんは大きいですか。
B : ＿＿＿＿＿＿＿＿＿＿＿＿＿＿＿＿＿。

4)
多い

A : 仕事は少ないですか。
B : ＿＿＿＿＿＿＿＿＿＿＿＿＿＿＿＿＿。

단어 — 遠い 멀다　暗い 어둡다　古い 오래되다　課長 과장　小さい 작다　大きい 크다　多い 많다　少ない 적다

**3** 주어진 단어를 사용하여 〈보기〉와 같이 답해 보세요.

> **보기**
>
> A : キムさんはどんな人<sup>ひと</sup>ですか。(おもしろい)
> B : <u>おもしろい人です</u>。

1) A : これはどんな映画ですか。(怖い)

   B : _______________________________________________________。

2) A : あれはどんな料理ですか。(辛い)

   B : _______________________________________________________。

3) A : 田中さんはどんな人ですか。(かっこいい)

   B : _______________________________________________________。

4) A : 富士山はどんな山ですか。(高い)

   B : _______________________________________________________。

---

단어 ─ どんな 어떤　怖い 무섭다　料理 요리　辛い 맵다　かっこいい 멋있다　富士山 후지산　山 산

4 주어진 단어를 「〜て」나 「〜が」를 사용하여 〈보기〉와 같이 답해 보세요.

보기

A : このパソコンはどうですか。(小さい・軽い)
B : 小さくて軽いです。

A : このパソコンはどうですか。(小さい・重い)
B : 小さいですが (けど)、重いです。

1) A : 田中さんはどうですか。(かっこいい・やさしい)

B : ________________ て ________________ 。

2) A : 学校はどうですか。(いい・うるさい)

B : ________________ が、 ________________ 。

3) A : あの本はどうですか。(難しい・おもしろくない)

B : ________________ て ________________ 。

4) A : ソウルはどうですか。(人が多い・おもしろい)

B : ________________ が、 ________________ 。

단어 ┤ 軽い 가볍다　　やさしい 상냥하다　　うるさい 시끄럽다　　人 사람　　多い 많다

**1** 문제를 듣고 빈칸을 받아써 보세요.　　Track 19

1) 彼は ＿＿＿＿＿＿＿＿＿＿＿＿＿＿＿＿＿＿＿ です。

2) この料理は ＿＿＿＿＿＿＿＿＿＿＿＿＿＿＿＿＿。

3) ＿＿＿＿＿＿＿＿＿＿＿＿＿＿＿＿＿＿＿＿＿。

4) 冬は ＿＿＿＿＿＿＿＿＿＿＿＿＿＿＿＿＿＿＿＿。

**2** 문제를 듣고 내용에 맞는 그림을 골라 보세요.　　Track 20

1) ＿＿＿＿＿　　2) ＿＿＿＿＿　　3) ＿＿＿＿＿　　4) ＿＿＿＿＿

①

②

③

④

**다음 우리말을 일본어로 써 보세요.**

**1** 회사는 집에서 가깝습니까?　(〜から: 〜에서)

________________________________________________。

**2** 이 시계는 매우 비쌉니다.

________________________________________________。

**3** 오늘은 날씨가 좋지 않습니다.

________________________________________________。

**4** 일본어는 조금 어렵지만, 재미있습니다. (少し: 조금)

________________________________________________。

**5** 저기는 싸고 맛있는 가게입니다. (店: 가게)

________________________________________________。

● い形容詞

| | | | |
|---|---|---|---|
| 暑(あつ)い | 덥다 | 寒(さむ)い | 춥다 |
| 高(たか)い | 비싸다 | 安(やす)い | 싸다 |
| 多(おお)い | 많다 | 少(すく)ない | 적다 |
| 早(はや)い | 빠르다 | 遅(おそ)い | 늦다 |
| いい/よい | 좋다 | 悪(わる)い | 나쁘다 |
| 白(しろ)い | 희다 | 黒(くろ)い | 검다 |
| 難(むずか)しい | 어렵다 | 易(やさ)しい | 쉽다 |
| 大(おお)きい | 크다 | 小(ちい)さい | 작다 |
| 高(たか)い | 높다 | 低(ひく)い | 낮다 |
| 長(なが)い | 길다 | 短(みじか)い | 짧다 |
| 遠(とお)い | 멀다 | 近(ちか)い | 가깝다 |
| 新(あたら)しい | 새롭다 | 古(ふる)い | 오래되다 |
| 重(おも)い | 무겁다 | 軽(かる)い | 가볍다 |
| 広(ひろ)い | 넓다 | 狭(せま)い | 좁다 |
| 明(あか)るい | 밝다 | 暗(くら)い | 어둡다 |
| かわいい | 귀엽다 | おもしろい | 재미있다 |
| 忙(いそが)しい | 바쁘다 | おいしい | 맛있다 |

"

# 牛は牛連れ、馬は馬連れ

소는 소끼리, 말은 말끼리

(유유상종)

# 好きな料理は何ですか。

좋아하는 요리는 무엇입니까?

**학습할 내용**

**❶ な형용사**

① 기본형  ② 정중형  ③ 부정형  ④ 명사수식

⑤ な형용사의 연결 ～で : ～하고 / ～해서

⑥ ～が 好きだ・嫌いだ・上手だ・下手だ

～을/를 좋아하다 · 싫어하다 · 잘하다 · 못하다

**❷ 원인·이유 ～から**  ～이니까, 때문에

Track 21

≫ 박(시우) 씨와 다나카 씨가 점심 약속을 정합니다.

**パク** 田中さん、今週の土曜日、一緒に昼ごはんどうですか?

**田中** わあ、いいですよ。

**パク** 好きな料理は何ですか。

**田中** 私は韓国料理が大好きですが、パクさんはどうですか。

**パク** 私もいいです。田中さん、辛い料理も大丈夫ですか。

**田中** はい、大丈夫です。

**パク** では、新宿のメウンチプはどうですか。

**田中** ああ、有名でおいしい店ですね。いいですよ。

---

**단어**

今週 이번 주　　土曜日 토요일　　一緒に 함께　　昼ごはん 점심밥　　大好きだ 매우 좋아한다　　辛い 맵다

大丈夫だ 괜찮다　　新宿 신주쿠(일본 도시명)　　有名だ 유명하다

**박(시우)**  다나카 씨, 이번 주 토요일에 같이 점심식사 어때요?

**다나카**  와아, 좋아요.

**박(시우)**  좋아하는 요리는 무엇입니까?

**다나카**  저는 한국요리를 매우 좋아하는데, 박(시우) 씨는 어때요?

**박(시우)**  저도 좋습니다. 다나카 씨, 매운 요리도 괜찮으세요?

**다나카**  네. 괜찮아요.

**박(시우)**  그럼, 신주쿠에 있는 매운집은 어떻습니까?

**다나카**  아, 유명하고 맛있는 가게죠. 좋아요.

## 1. な형용사

な형용사는 기본형이 「〜だ」로 끝나고, 명사를 수식할 때 「〜な」의 형태로 수식합니다. 한자(便利、簡単)나 외래어(ゴージャス、モダン)를 어원으로 합니다.

**有名だ** 유명하다
어간 어미

### ① 기본형: 어간 + だ

な형용사의 기본형은 어미가 「だ」로 끝나며, 어미 「だ」를 변화시켜 활용합니다.

この店は親切だ。 이 가게는 친절하다.

パソコンは便利だ。 컴퓨터는 편리하다.

田中さんは真面目だ。 다나카 씨는 성실하다.

### ② 정중형: 어간 ~~だ~~ + です → 어간です

な형용사의 정중형은 어미 「だ」를 지우고 「です」를 붙입니다.

この店は親切です。 이 가게는 친절합니다.

パソコンは便利です。 컴퓨터는 편리합니다.

田中さんは真面目です。 다나카 씨는 성실합니다.

---

단어 ── 親切だ 친절하다   便利だ 편리하다   真面目だ 성실하다

### ③ 부정형

'〜지 않다'라는 부정형은 어미 「だ」를 지우고 「ではない(＝じゃない)」를 붙입니다. 여기에 「です」를 붙이면 '〜지 않습니다'라는 정중형이 됩니다. 「ないです」 대신에 「ありません」을 쓰면 더 정중한 표현이 됩니다.

> 어간 ~~だ~~ + ではない　→　어간 ではない(＝じゃない) (〜지 않다)
>
> → 어간 じゃないです / 어간 じゃありません (〜지 않습니다)

| | |
|---|---|
| ソウルは静かではないです。 | 서울은 조용하지 않습니다. |
| 日本語は上手じゃないです。 | 일본어는 잘하지 못합니다. |
| この仕事は簡単じゃありません。 | 이 일은 간단하지 않습니다. |

### ④ 명사수식: 어간 だ → な + 명사

な형용사가 명사를 수식할 때는 어미 「だ」를 「な」로 바꾸고 뒤에 명사를 씁니다.

好きな色は赤です。 좋아하는 색은 빨강입니다.

あそこはおいしくて有名な店です。 저기는 맛있고 유명한 가게입니다.

田中さんは明るくて親切な人です。 다나카 씨는 밝고 친절한 사람입니다.

⑤ **な형용사의 연결 ～で : ～하고/～해서**

な형용사의 'て형'은 어미 「だ」를 지우고 「で」를 붙입니다.

어간 <s>だ</s> + で → 어간 で (～하고, ～해서)

中田さんは親切で真面目な人です。 나카타 씨는 친절하고 성실한 사람입니다.

あそこは有名でおいしい店です。 저기는 유명하고 맛있는 가게입니다.

この駅はきれいで広いです。 이 역은 깨끗하고 넓습니다.


⑥ **～が好きだ・嫌いだ・上手だ・下手だ**

'～을/를 좋아하다・싫어하다・잘하다・못하다'라는 뜻입니다. '～을/를'에 해당하는 목적격 조사는 「を」이지만, 좋고 싫음, 능력 등의 대상은 「を」를 쓰지 않고 「が」를 씁니다.

私はスポーツが好きです。 나는 스포츠를 좋아합니다.

彼は歌が嫌いです。 그는 노래를 싫어합니다.

彼女は日本語が上手です。 그녀는 일본어를 잘합니다.

田中さんは中国語が下手です。 다나카 씨는 중국어를 못합니다.


단어 ― スポーツ 스포츠   きれいだ 깨끗하다, 예쁘다   広い 넓다   嫌いだ 싫어하다   歌 노래

## 2. 원인 · 이유 ～から

～이니까, 때문에

「から」는 우리말 '～이니까', '～ 때문에'에 해당하며, 명사, 형용사, 동사에 접속해 '원인 · 이유'를 나타냅니다. 보통체와 정중체에 모두 사용합니다.

この刺身は新鮮だからおいしいです。 이 회는 신선하기 때문에 맛있습니다.

スポーツは下手だから楽しくないです。 스포츠를 못하기 때문에 즐겁지 않습니다.

おいしいですから、どうぞ。 맛있으니까 드세요.

단어 刺身 회　新鮮だ 신선하다　楽しい 즐겁다

## 1  질문에 〈보기〉와 같이 답해 보세요.

**보기**

A : キムさんは元気ですか。

B₁ : はい、元気です。

B₂ : いいえ、元気じゃないです(元気ではありません)。

1) A : 田中さんの部屋はきれいですか 。

   B₁ : ＿＿＿＿＿＿＿＿＿＿＿＿＿＿＿＿＿＿＿＿＿＿＿＿＿＿＿。

   B₂ : ＿＿＿＿＿＿＿＿＿＿＿＿＿＿＿＿＿＿＿＿＿＿＿＿＿＿＿。

2) A : その店は親切ですか。

   B₁ : ＿＿＿＿＿＿＿＿＿＿＿＿＿＿＿＿＿＿＿＿＿＿＿＿＿＿＿。

   B₂ : ＿＿＿＿＿＿＿＿＿＿＿＿＿＿＿＿＿＿＿＿＿＿＿＿＿＿＿。

3) A : 今日は暇ですか。

   B₁ : ＿＿＿＿＿＿＿＿＿＿＿＿＿＿＿＿＿＿＿＿＿＿＿＿＿＿＿。

   B₂ : ＿＿＿＿＿＿＿＿＿＿＿＿＿＿＿＿＿＿＿＿＿＿＿＿＿＿＿。

4) A : キムさんは真面目ですか。

   B₁ : ＿＿＿＿＿＿＿＿＿＿＿＿＿＿＿＿＿＿＿＿＿＿＿＿＿＿＿。

   B₂ : ＿＿＿＿＿＿＿＿＿＿＿＿＿＿＿＿＿＿＿＿＿＿＿＿＿＿＿。

**단어** ─ 元気だ 건강하다　暇だ 한가하다

## 2 주어진 단어를 사용하여 〈보기〉와 같이 답해 보세요.

> **보기**
>
> A : キムさんの部屋はきれいですか。（汚い）
>
> B : <u>いいえ、あまりきれいじゃないです。汚いです。</u>

1) A : 新しい仕事は大変ですか。（楽しい）

   B : ＿＿＿＿＿＿＿＿＿＿＿＿＿＿＿＿＿＿＿＿＿＿＿＿＿＿＿＿＿＿＿＿＿＿。

2) A : 中国語は簡単ですか。（難しい）

   B : ＿＿＿＿＿＿＿＿＿＿＿＿＿＿＿＿＿＿＿＿＿＿＿＿＿＿＿＿＿＿＿＿＿＿。

3) A : 掃除が好きですか。（嫌い）

   B : ＿＿＿＿＿＿＿＿＿＿＿＿＿＿＿＿＿＿＿＿＿＿＿＿＿＿＿＿＿＿＿＿＿＿。

4) A : 今週は暇ですか。（忙しい）

   B : ＿＿＿＿＿＿＿＿＿＿＿＿＿＿＿＿＿＿＿＿＿＿＿＿＿＿＿＿＿＿＿＿＿＿。

**単語** ー あまり 그다지　汚い 더럽다　大変だ 힘들다　掃除 청소　今週 이번 주

## 3 주어진 단어를 사용하여 〈보기〉와 같이 답해 보세요.

> **보기**
>
> A：キムさんはどんな人ですか。（親切だ）
> B：親切な人です。

1) A：ここはどんな店ですか。（有名だ）

　　B：＿＿＿＿＿＿＿＿＿＿＿＿＿＿＿＿＿＿＿＿＿＿＿＿。

2) A：社長の車はどんな車ですか。（すてきだ）

　　B：＿＿＿＿＿＿＿＿＿＿＿＿＿＿＿＿＿＿＿＿＿＿＿＿。

3) A：あそこはどんな公園ですか。（静かだ）

　　B：＿＿＿＿＿＿＿＿＿＿＿＿＿＿＿＿＿＿＿＿＿＿＿＿。

4) A：キムさんのむすこはどんな子どもですか。（元気だ）

　　B：＿＿＿＿＿＿＿＿＿＿＿＿＿＿＿＿＿＿＿＿＿＿＿＿。

---

**단어** どんな 어떤　社長 사장　すてきだ 멋지다　公園 공원　むすこ 아들　子ども 아이

**4** 주어진 단어를 「〜で」나 「〜が」를 사용하여 〈보기〉와 같이 답해 보세요.

> **보기**
>
> A：このパソコンはどうですか。（便利だ・デザインがいい）
> B：便利でデザインがいいです。
>
> A：このパソコンはどうですか。（便利だ・古い）
> B：便利ですが、古いです。

1) A：この時計はどうですか。（すてきだ・高い）

   B：＿＿＿＿＿＿＿＿＿＿＿が、＿＿＿＿＿＿＿＿＿＿＿。

2) A：ソウルの地下鉄はどうですか。（便利だ・速い）

   B：＿＿＿＿＿＿＿＿＿＿＿で＿＿＿＿＿＿＿＿＿＿＿。

3) A：あのレストランはどうですか。（おしゃれだ・おいしい）

   B：＿＿＿＿＿＿＿＿＿＿＿で＿＿＿＿＿＿＿＿＿＿＿。

4) A：ハンガン公園はどうですか。（静かだ・汚い）

   B：＿＿＿＿＿＿＿＿＿＿＿が、＿＿＿＿＿＿＿＿＿＿＿。

**단어** 便利だ 편리하다　速い 빠르다　おしゃれだ 멋지다　静かだ 조용하다　汚い 더럽다

**5** 주어진 단어를 사용하여 〈보기〉와 같이 말해 보세요.

> **보기**
>
> ⓐ 刺身（さしみ）　ⓑ 好（す）きだ　ⓒ 新鮮（しんせん）だ・おいしい

1) ⓐ お酒（さけ）　　ⓑ 嫌（きら）いだ　　ⓒ 苦（にが）い・おいしくない

2) ⓐ スポーツ　　ⓑ 嫌（きら）いだ　　ⓒ 下手（へた）だ・おもしろくない

3) ⓐ パクさん　　ⓑ 好（す）きだ　　ⓒ 背（せ）が高（たか）い・ハンサムだ

4) ⓐ 果物（くだもの）　　ⓑ 好（す）きだ　　ⓒ 体（からだ）にいい・おいしい

---

単語 — 刺身（さしみ） 회　　どうして 왜　　新鮮（しんせん）だ 신선하다　　お酒（さけ） 술　　嫌（きら）いだ 싫어하다　　苦（にが）い 쓰다　　背（せ）が高（たか）い 키가 크다

ハンサムだ 잘 생기다

**1** 문제를 듣고 빈칸을 받아써 보세요.   Track 22

1) キムさんは ＿＿＿＿＿＿＿＿＿ 親切です。

2) ここは ＿＿＿＿＿＿＿＿＿ いいです。

3) この部屋は ＿＿＿＿＿＿＿＿＿ 明るいです。

4) 地下鉄は ＿＿＿＿＿＿＿＿＿＿＿＿＿＿＿。

**2** 문제를 듣고 내용에 맞는 그림을 골라 보세요.  Track 23

1) ①　②

2) ①　②

3) ①　②

4) ①　②

キム　　　　パク

단어 — 冬 겨울　夏 여름

**다음 우리말을 일본어로 써 보세요.**

1 일본어 선생님은 예쁘고 친절합니다.

_______________________________________________________________________ 。

2 그는 매우 성실합니다.

_______________________________________________________________________ 。

3 그녀는 영어를 매우 잘합니다.

_______________________________________________________________________ 。

4 단 것은 별로 좋아하지 않습니다만, 케이크는 좋아합니다. (甘いもの : 단 것)

_______________________________________________________________________ 。

5 이 컴퓨터는 작고 편리하지만, 빠르지 않습니다.

_______________________________________________________________________ 。

● な형용사

| | | | |
|---|---|---|---|
| 好きだ (す) | 좋아하다 | 嫌いだ (きら) | 싫어하다 |
| 便利だ (べんり) | 편리하다 | 不便だ (ふべん) | 불편하다 |
| 上手だ (じょうず) | 능숙하다 | 下手だ (へた) | 서툴다 |
| 大変だ (たいへん) | 힘들다 | 楽だ (らく) | 편하다 |
| 派手だ (はで) | 화려하다 | 地味だ (じみ) | 수수하다 |
| 静かだ (しず) | 조용하다 | 賑やかだ (にぎ) | 번화하다 |
| 親切だ (しんせつ) | 친절하다 | 簡単だ (かんたん) | 간단하다 |
| 有名だ (ゆうめい) | 유명하다 | きれいだ | 예쁘다, 깨끗하다 |
| 暇だ (ひま) | 한가하다 | 丈夫だ (じょうぶ) | 튼튼하다 |
| 真面目だ (まじめ) | 성실하다 | 元気だ (げんき) | 건강하다 |
| ハンサムだ | 잘생기다 | 立派だ (りっぱ) | 훌륭하다 |
| 新鮮だ (しんせん) | 신선하다 | すてきだ | 멋지다 |
| いやだ | 싫다 | わがままだ | 제멋대로다 |
| 真剣だ (しんけん) | 진지하다 | 慎重だ (しんちょう) | 신중하다 |
| 面倒だ (めんどう) | 귀찮다 | 意地悪だ (いじわる) | 심술궂다 |
| 頑固だ (がんこ) | 완고하다 | けちだ | 인색하다 |

66

<ruby>馬<rt>うま</rt></ruby>の<ruby>耳<rt>みみ</rt></ruby>に<ruby>念仏<rt>ねんぶつ</rt></ruby>

쇠귀에 경 읽기

# いくらですか。

**얼마입니까?**

**학습할 내용**

1. 숫자 100~100,000
2. いくらですか。 얼마입니까?
3. 조수사
4. いくつですか。 몇 개입니까?
5. ～(を)ください。 ～(을/를) 주세요.

≫ 박(시우) 씨가 옷집에서 선물할 원피스를 고릅니다.　　Track 24

**店員**　いらっしゃいませ。

**パク**　すみませんが、あのワンピースはいくらですか。

**店員**　6,800円です。

**パク**　ちょっと高いですね。

**店員**　じゃあ、このワンピースはどうですか。

**パク**　色もきれいでかわいいですね。それはいくらですか。

**店員**　4,500円です。この頃人気のワンピースです。

**パク**　そうですか。じゃあ、それください。

　　　　そしてこの赤いスカーフもください。

**店員**　ありがとうございます。全部で6,000円です。

---

**단어**

**店員** 점원　　いらっしゃいませ 어세오세요　　ワンピース 원피스　　ちょっと 좀　　いくら 얼마　　**人気** 인기

スカーフ 스카프　　**全部**で 전부해서

## 해석

| | |
|---|---|
| 점원 | 어서 오세요. |
| 박(시우) | 저기, 저 원피스는 얼마인가요? |
| 점원 | 6,800엔입니다. |
| 박(시우) | 조금 비싸네요. |
| 점원 | 그럼 이 원피스는 어떠세요? |
| 박(시우) | 색도 예쁘고, 귀엽네요. 그건 얼마예요? |
| 점원 | 4,500엔입니다. 요즘 인기 있는 원피스예요. |
| 박(시우) | 그래요? 그럼 그거 주세요. 그리고 이 빨간 스카프도 주세요. |
| 점원 | 고맙습니다. 전부해서 6,000엔입니다. |

## 1. 숫자 100~100,000

백 단위의 300, 600, 800, 천 단위의 3000, 8000은 주의해서 발음합니다. 만은 '만(まん)'이라 하지 않고 '일만(いちまん)'이라고 합니다.

| 100 | 200 | 300 | 400 | 500 | 600 | 700 |
|---|---|---|---|---|---|---|
| 百<br>ひゃく | 二百<br>にひゃく | 三百<br>さんびゃく | 四百<br>よんひゃく | 五百<br>ごひゃく | 六百<br>ろっぴゃく | 七百<br>ななひゃく |
| 800 | 900 | 1,000 | 2,000 | 3,000 | 4,000 | 5,000 |
| 八百<br>はっぴゃく | 九百<br>きゅうひゃく | 千<br>せん | 二千<br>にせん | 三千<br>さんぜん | 四千<br>よんせん | 五千<br>ごせん |
| 6,000 | 7,000 | 8,000 | 9,000 | 10,000 | 20,000 | 30,000 |
| 六千<br>ろくせん | 七千<br>ななせん | 八千<br>はっせん | 九千<br>きゅうせん | 一万<br>いちまん | 二万<br>にまん | 三万<br>さんまん |
| 40,000 | 50,000 | 60,000 | 70,000 | 80,000 | 90,000 | 100,000 |
| 四万<br>よんまん | 五万<br>ごまん | 六万<br>ろくまん | 七万<br>ななまん | 八万<br>はちまん | 九万<br>きゅうまん | 十万<br>じゅうまん |

10,345 : いちまんさんびゃくよんじゅうご

3,678 : さんぜんろっぴゃくななじゅうはち

8,994 : はっせんきゅうひゃくきゅうじゅうよん

## 2. いくらですか。

얼마입니까?

「いくら」는 우리말 '얼마'에 해당하며, 금액을 물어볼 때 쓰는 의문사입니다. 일본의 화폐 단위는 「円」이며, 4, 7, 9 円은 주의하여 기억합니다.

| 1円 | 2円 | 3円 | 4円 | 5円 |
|---|---|---|---|---|
| いちえん | にえん | さんえん | よえん | ごえん |
| 6円 | 7円 | 8円 | 9円 | 10円 |
| ろくえん | ななえん | はちえん | きゅうえん | じゅうえん |

A : コーヒーはいくらですか。 커피는 얼마입니까?

B : 378(さんびゃく ななじゅう はち)円です。 378엔입니다.

A : ピザはいくらですか。 피자는 얼마입니까?

B : 1,294(せんにひゃく きゅうじゅう よ)円です。 1,294엔입니다.

A : このめがねはいくらですか。 이 안경은 얼마입니까?

B : 19,800(いちまん きゅうせん はっぴゃく)円です。 19,800엔입니다.


## 3. 조수사

| | ～本 (병,자루) | ～枚 (장) | ～人 (명) | ～階 (층) | ～冊 (권) |
|---|---|---|---|---|---|
| 1 | いっぽん | いちまい | ひとり | いっかい | いっさつ |
| 2 | にほん | にまい | ふたり | にかい | にさつ |
| 3 | さんぼん | さんまい | さんにん | さんがい / さんかい | さんさつ |
| 4 | よんほん | よんまい | よにん | よんかい | よんさつ |
| 5 | ごほん | ごまい | ごにん | ごかい | ごさつ |
| 6 | ろっぽん | ろくまい | ろくにん | ろっかい | ろくさつ |
| 7 | ななほん | ななまい | ななにん / しちにん | ななかい | ななさつ |
| 8 | はっぽん | はちまい | はちにん | はっかい / はちかい | はっさつ |
| 9 | きゅうほん | きゅうまい | きゅうにん | きゅうかい | きゅうさつ |
| 10 | じゅっぽん | じゅうまい | じゅうにん | じゅっかい | じゅっさつ |
| | 何本 (몇 병/자루) | 何枚 (몇 장) | 何人 (몇 명) | 何階/何階 (몇 층) | 何冊 (몇 권) |

* '몇 층'과 '3층'의 경우, 「～がい」보다 「～かい」를 사용하는 경우가 많습니다.

## 4. いくつですか。

몇 개입니까?

「いくつ」는 우리말의 '몇', '몇 개' 등에 해당하는 의문사입니다. 개수를 말할 때, '하나'에서 '열'까지는 보통 아래와 같은 고유 숫자를 쓰고, 그 이상은 '한자어 + 個'의 형태로 씁니다. 「個」는 '개'를 뜻하는 조수사입니다.

| 1 | 2 | 3 | 4 | 5 |
|---|---|---|---|---|
| ひとつ | ふたつ | みっつ | よっつ | いつつ |
| 6 | 7 | 8 | 9 | 10 |
| むっつ | ななつ | やっつ | ここのつ | とお |

* 일본어 수사에는 순수한 일본어(和語) 계통과 한자어(漢語) 계통, 두 가지가 있습니다. ひとつ, ふたつ, …는 和語 계통이고, いち、に, …는 漢語 계통입니다.

ジュースはいくつですか。 주스는 몇 잔(몇 개)입니까?

コーヒーふたつと水ひとつですか。 커피 둘이랑 물 하나입니까?

机がよっつ、いすがむっつです。 책상이 4개, 의자가 6개입니다.

全部で12個です。 전부 12개입니다.

## 5. ～(を)ください。

～(을/를) 주세요.

このケータイをください。 이 핸드폰 주세요.

この赤いかばんをください。 이 빨간 가방 주세요.

コーヒー2つとケーキ1つください。 커피 2개와 케이크 하나 주세요.

ビール2本ください。 맥주 2병 주세요.

---

[단어] 水 물　赤い 빨갛다　ケーキ 케이크　ビール 맥주

## 1 다음 그림을 보고 〈보기〉와 같이 말해 보세요.

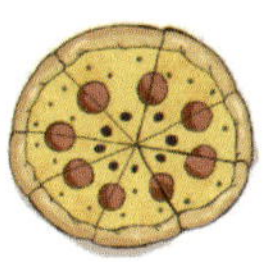    

| 2,350円 | 1,860円 | 980円 | 760円 | 1,490円 |

**보기**

A : ピザはいくらですか。

B : にせんさんびゃくごじゅうえんです。

1) A : スパゲッティはいくらですか。

B : ________________________________________。

2) A : サラダはいくらですか。

B : ________________________________________。

3) A : そばはいくらですか。

B : ________________________________________。

4) A : モーニングセットはいくらですか。

B : ________________________________________。

단어 ― ピザ 피자　スパゲッティ 스파게티　そば 메밀국수　サラダ 샐러드　モーニングセット 모닝셋트

## 2 그림을 보고 〈보기〉와 같이 답해 보세요.

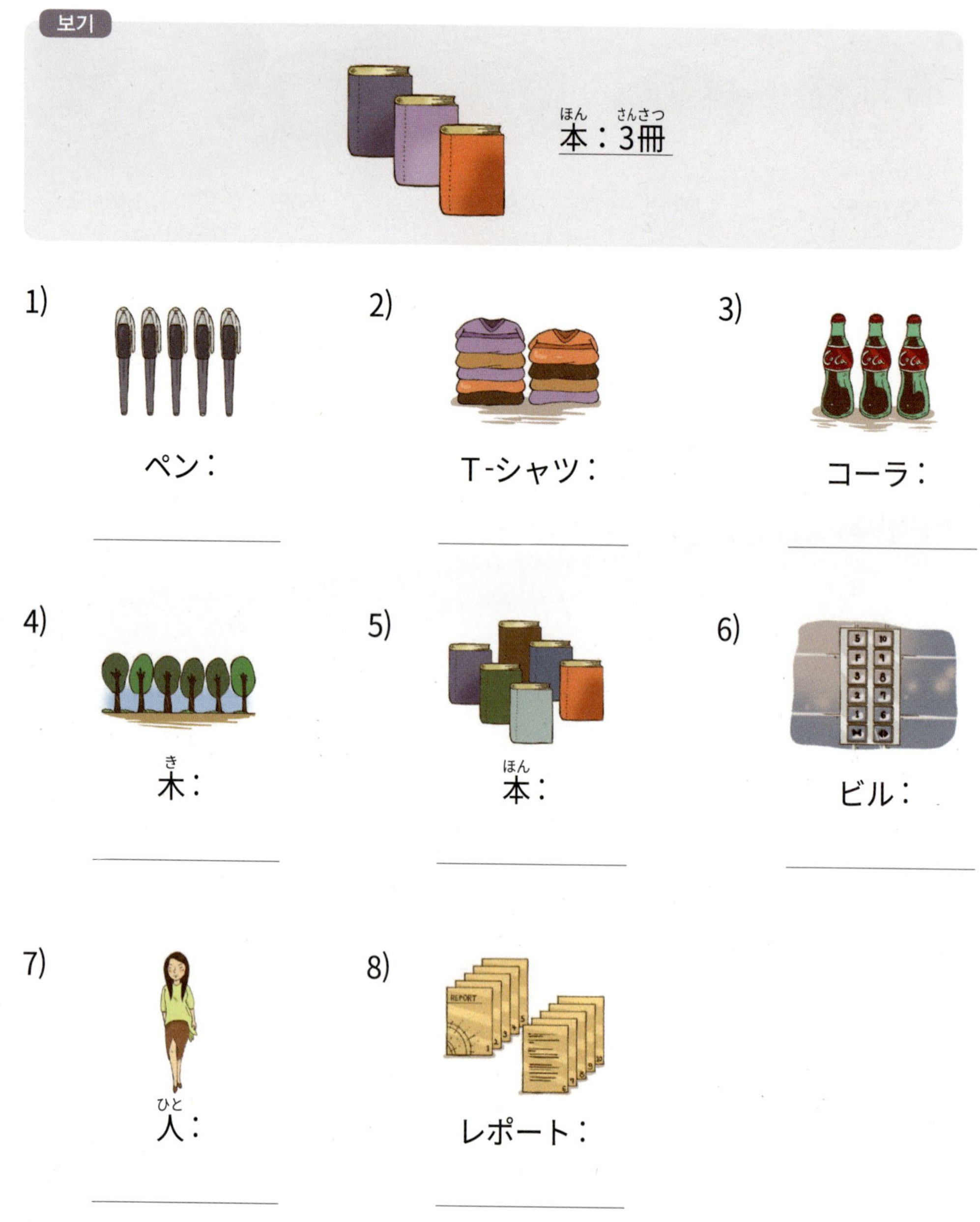

**보기**

ほん さんさつ
本：3冊

1) ペン：

2) T-シャツ：

3) コーラ：

4) き
木：

5) ほん
本：

6) ビル：

7) ひと
人：

8) レポート：

단어 ペン 펜　T-シャツ T셔츠　コーラ 콜라　木 나무　レポート 레포트

## 3 주어진 정보를 이용하여 〈보기〉와 같이 밑줄 친 부분을 바꾸어 말해 보세요.

보기

店員：いらっしゃいませ。何名様ですか。

お客：<u>3人</u>です。

　　　あの、すみません。<u>スパゲッティ</u>はいくらですか。

店員：<u>550円</u>です。

お客：<u>コーヒー</u>はいくらですか。

店員：<u>265円</u>です。

お客：<u>スパゲッティひとつとコーヒーふたつ</u>お願いします。

店員：全部で<u>1,080円</u>です。

1) 2人、　ドーナツ(130円)×2、　　　アイスティー(150円)×2

2) 3人、　ラーメン(670円)×3、　　　ビール(280円)×2

3) 1人、　ハンバーガー(380円)×1、　コーラ(170円)×1

4) 2人、　ショートケーキ(450円)×1、　オレンジジュース(290円)×2

---

단어 — 何名様 몇 분　ドーナツ 도넛　アイスティー 아이스 티　ハンバーガー 햄버거　ショートケーキ 조각 케이크

オレンジ 오렌지　ジュース 주스

**1** 문제를 듣고 빈칸을 받아써 보세요.　　　　　Track 25

1) ケーキ＿＿＿＿＿＿ とコーヒーひとつ＿＿＿＿＿＿＿＿＿。

2) ＿＿＿＿＿＿＿＿＿＿＿＿＿＿＿＿＿＿＿＿＿＿＿＿＿＿。

3) ＿＿＿＿＿＿＿＿＿＿＿＿＿＿＿＿円<ruby>えん</ruby>です。

4) りんご＿＿＿＿＿＿＿＿ とみかん＿＿＿＿＿＿＿＿ ですから、
全部<ruby>ぜんぶ</ruby>で＿＿＿＿＿＿＿＿＿＿＿＿ です。

**2** 문제를 듣고 각 음식의 개수를 히라가나로 써 보세요.　　　　　Track 26

1) りんご　　　＋　　　みかん　　　＝ ＿＿＿＿＿＿＿＿＿＿＿＿＿
　（　　　　）　　　　（　　　　　）

2) ケーキ　　　＋　　　コーヒー　　＝ ＿＿＿＿＿＿＿＿＿＿＿＿＿
　（　　　　）　　　　（　　　　　）

3) スパゲッティ　＋　　　ジュース　　＝ ＿＿＿＿＿＿＿＿＿＿＿＿＿
　（　　　　）　　　　（　　　　　）

4) おにぎり　　　＋　　　水<ruby>みず</ruby>　　　＝ ＿＿＿＿＿＿＿＿＿＿＿＿＿
　（　　　　）　　　　（　　　　　）

5) ハンバーガー　＋　　　コーラ　　　＝ ＿＿＿＿＿＿＿＿＿＿＿＿＿
　（　　　　）　　　　（　　　　　）

6) バナナ　　　＋　　　トマト　　　＝ ＿＿＿＿＿＿＿＿＿＿＿＿＿
　（　　　　）　　　　（　　　　　）

---

단어　りんご 사과　みかん 귤　おにぎり 삼각김밥　バナナ 바나나　トマト 토마토

**다음 우리말을 일본어로 써 보세요.**

**1**　이 빨간 우산은 얼마입니까?

＿＿＿＿＿＿＿＿＿＿＿＿＿＿＿＿＿＿＿＿＿＿＿＿＿＿＿＿＿＿。

**2**　전부 13,800엔입니다.

＿＿＿＿＿＿＿＿＿＿＿＿＿＿＿＿＿＿＿＿＿＿＿＿＿＿＿＿＿＿。

**3**　이 작은 가방은 6,600엔입니다.

＿＿＿＿＿＿＿＿＿＿＿＿＿＿＿＿＿＿＿＿＿＿＿＿＿＿＿＿＿＿。

**4**　케이크와 커피 하나씩 주세요. (〜ずつ: 씩)

＿＿＿＿＿＿＿＿＿＿＿＿＿＿＿＿＿＿＿＿＿＿＿＿＿＿＿＿＿＿。

**5**　이것 11개 주세요.

＿＿＿＿＿＿＿＿＿＿＿＿＿＿＿＿＿＿＿＿＿＿＿＿＿＿＿＿＿＿。

## ● 여러 가지 메뉴

和食定食
일본 식사 정식

焼き魚定食
생선구이 정식

刺身盛り合わせ
모듬회

焼きそば
야끼소바

しゃぶしゃぶ
샤브샤브

すき焼き
스키야끼

鍋
나베

すし
초밥

親子丼
닭고기 덮밥

牛丼
소고기 덮밥

ステーキ
스테이크

焼肉
구워 먹는 고기(불고기, 갈비 등)

とんかつ
돈까스

お好み焼き
오코노미야끼

焼き鳥
닭꼬치구이

ラーメン
라면

カレーライス
카레라이스

餃子
교자

みそ汁
된장국

鳥のから揚げ
닭튀김

# デートはどうでしたか。

데이트는 어땠습니까?

**학습할 내용**

❶ い형용사의 과거형과 과거 부정형

❷ な형용사의 과거형과 과거 부정형

❸ 명사의 과거형과 과거 부정형

❹ 날짜 말하기

❺ 명사 はいつですか。 ～은/는 언제입니까?

≫ 다나카 씨가 어제 한 데이트에 대해 이야기합니다.　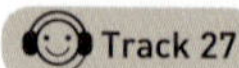

パク　田中さん、昨日彼氏とデートでしたね。どうでしたか。

田中　久しぶりでしたからとても楽しかったです。でも、人が多くて
　　　大変でした。

パク　週末でしたから人が多かったでしょうね。

田中　はい。それに祭りでとてもにぎやかでした。

パク　そうですか。おいしいものも多かったですか。

田中　はい、多かったです。ところで、もうすぐ中間テストですね。

パク　はい、はじめてのテストですから心配です。

田中　それもそうですね。テストはいつからですか。

パク　5月20日から5月25日までです。

田中　頑張ってください。

---

### 단어

昨日 어제　　デート 데이트　　久しぶり 오랜만　　週末 주말　　祭り 축제　　〜でしょう 〜겠지요 〜일테죠

ところで 그런데　　もうすぐ 이제 곧　　中間テスト 중간시험　　はじめて 처음　　心配だ 걱정이다

頑張ってください 열심히 하세요, 힘내세요

박(시우)  다나카 씨, 어제 남자친구랑 데이트였죠. 어땠어요?

다나카  오랜만이었기 때문에 무척  즐거웠어요. 하지만, 사람이 많아서 힘들었어요.

박(시우)  주말이어서 사람이 많았겠군요.

다나카  네. 또 축제여서 너무 번화했어요.

박(시우)  그래요? 맛있는 것도 많았습니까?

다나카  네. 많았어요. 그런데, 이제 곧 중간시험이네요.

박(시우)  네. 첫 시험이라 걱정입니다.

다나카  그것도 그렇겠네요. 시험은 언제부터예요?

박(시우)  5월 20일부터 5월 25일까지입니다.

다나카  힘내세요.

## 1. い형용사의 과거형과 과거 부정형

• **い형용사의 과거형**

い형용사의 과거형은 어미 「い」를 떼고 「かった」를 붙입니다.

> おいし~~い~~ + かった → おいし**かった(です)** 맛있었다(맛있었습니다)
>
> おもしろ~~い~~ + かった → おもしろ**かった(です)** 재미있었다(재미있었습니다)
>
> ＊よ~~い~~ + かった → よ**かった(です)** 좋았다(좋았습니다)

• **い형용사의 과거 부정형**

어미 「い」를 「く」로 바꾸고 「ない」를 붙인 기본 부정형에서, 마찬가지로 「い」를 떼고 「かった」를 붙입니다.

> おいしくな~~い~~ + かった → おいしくな**かった(です)** 맛없었다(맛없었습니다)
>
> おもしろくな~~い~~ + かった → おもしろくな**かった(です)** 재미없었다(재미없었습니다)
>
> ＊よくな~~い~~ + かった → よくな**かった(です)** 좋지 않았다(좋지 않았습니다)
>
> （よく**ありませんでした**）

先週はとても暑**かったです**。 지난 주는 매우 더웠습니다.

先月は忙しくな**かったです**。 지난 달은 바쁘지 않았습니다.

（先月は忙しく**ありませんでした**。）

＊ おいしいでした　　（X）

　おいしくないでした　（X）라고는 쓰지 않습니다.

## 2. な형용사의 과거형과 과거 부정형

### • な형용사의 과거형

な형용사의 과거형은 어미 「だ」를 떼고 「だった」를 붙입니다.

有名だ + だった → 有名だった(有名でした) 유명했다(유명했습니다)

親切だ + だった → 親切だった(親切でした) 친절했다(친절했습니다)

* 有名だったです라고 쓰지 않습니다.

### • な형용사의 과거 부정형

어간에 「では(じゃ)ない」를 붙인 기본 부정형에서, 「い」를 떼고 「かった」를 붙입니다.

有名ではない + かった

→ 有名ではなかった(です) 유명하지 않았다(유명하지 않았습니다)

親切じゃない + かった

→ 親切じゃなかった(です)

(親切ではありませんでした)

친절하지 않았다(친절하지 않았습니다)

田中さんは元気でした。 다나카 씨는 건강했습니다.

学校は静かじゃなかったです。 학교는 조용하지 않았습니다.

(学校は静かではありませんでした。)

## 3. 명사의 과거형과 과거 부정형

• **명사의 과거형**

명사의 과거형은 '명사 + ～이다'의 형태에서, '～이다'에 해당하는 「だ」를 활용하여 만듭니다. な형
용사와 같이 「だ」를 지우고 「だった」를 붙입니다.

> 雪<del>だ</del> + だった → 雪だった(雪でした)  눈이었다(눈이었습니다)
>
> 今日<del>だ</del> + だった → 今日だった(今日でした)  오늘이었다(오늘이었습니다)

* 雪だったです라고 쓰지 않습니다.

• **명사의 과거 부정형**

명사에 「では(じゃ)ない」를 붙인 기본 부정형에서, い형용사와 마찬가지로 「い」를 떼고 「かった」를
붙입니다.

> 雪ではな<del>い</del> + かった → 雪ではなかった(です)  눈이 아니었다(눈이 아니었습니다)
>
> 今日じゃな<del>い</del> + かった → 今日じゃなかった(です)  오늘이 아니었다(오늘이 아니었습니다)
>
> (今日ではありませんでした)

昨日は雨でした。 어제는 비였습니다.

デパートは休みじゃなかったです。 백화점은 휴일이 아니었습니다.

(デパートは休みではありませんでした。)

---

단어 - 先週 지난 주  暑い 덥다  デパート 백화점  雪 눈  雨 비  休み 휴일

## 4. 날짜 말하기

### • 년

일본어의 연도는 우리나라처럼 숫자를 그대로 읽고 「年」을 붙입니다. 4, 7, 9년의 발음에 주의합니다.

| 1年 | 2年 | 3年 | 4年 | 5年 |
|---|---|---|---|---|
| いちねん | にねん | さんねん | よねん | ごねん |
| 6年 | 7年 | 8年 | 9年 | 10年 |
| ろくねん | しちねん | はちねん | きゅうねん | じゅうねん |

何年生まれですか。 몇 년 생(출생)입니까?

1980(せんきゅうひゃくはちじゅう)年です。 1980년입니다.

### • 월

4, 7, 9월의 발음에 주의합니다.

| 1月 | 2月 | 3月 | 4月 | 5月 | 6月 |
|---|---|---|---|---|---|
| いちがつ | にがつ | さんがつ | しがつ | ごがつ | ろくがつ |
| 7月 | 8月 | 9月 | 10月 | 11月 | 12月 |
| しちがつ | はちがつ | くがつ | じゅうがつ | じゅういちがつ | じゅうにがつ |

夏休みは何月からですか。 여름 휴가는 몇 월부터입니까?

田中さんの誕生日は4月です。 다나카 씨의 생일은 4월입니다.

8月が一番暑いです。 8월이 가장 덥습니다.

단어 - 生まれ 출생　　夏休み 여름 방학(휴가)　　誕生日 생일　　一番 가장

## 문법

• 일·요일

「何日」는 날짜를 묻는 표현으로, 날짜를 말할 때는 숫자에 일(日)을 붙입니다. 1~10, 14, (17, 19), 20, 24, (27, 29)일은 기본 읽기와 다르므로 주의하여 기억합니다. 「何曜日」는 요일을 묻는 표현이며, '월 ~일 + 요일(曜日)'로 말합니다.

| 日曜日<br>にちようび | 月曜日<br>げつようび | 火曜日<br>かようび | 水曜日<br>すいようび | 木曜日<br>もくようび | 金曜日<br>きんようび | 土曜日<br>どようび |
|---|---|---|---|---|---|---|
| | 1일<br>ついたち | 2일<br>ふつか | 3일<br>みっか | 4일<br>よっか | 5일<br>いつか | 6일<br>むいか |
| 7일<br>なのか | 8일<br>ようか | 9일<br>ここのか | 10일<br>とおか | 11일<br>じゅういちにち | 12일<br>じゅうににち | 13일<br>じゅうさんにち |
| 14일<br>じゅうよっか | 15일<br>じゅうごにち | 16일<br>じゅうろくにち | 17일<br>じゅうしちにち | 18일<br>じゅうはちにち | 19일<br>じゅうくにち | 20일<br>はつか |
| 21일<br>にじゅういちにち | 22일<br>にじゅうににち | 23일<br>にじゅうさんにち | 24일<br>にじゅうよっか | 25일<br>にじゅうごにち | 26일<br>にじゅうろくにち | 27일<br>にじゅうしちにち |
| 28일<br>にじゅうはちにち | 29일<br>にじゅうくにち | 30일<br>さんじゅうにち | 31일<br>さんじゅういちにち | | | |

今日は何月何日ですか。 오늘은 몇 월 며칠입니까?

子どもの日は5月5日です。 어린이 날은 5월 5일입니다.

クリスマスは12月25日です。 크리스마스는 12월 25일입니다.

단어 ― 今日 오늘    子どもの日 어린이 날    クリスマス 크리스마스    誕生日 생일

## 5. 명사 はいつですか。

「いつ」는 날짜나 시간을 묻는, 우리말 '언제'에 해당하는 의문사입니다.

誕生日はいつですか。 생일은 언제입니까?

中間テストはいつでしたか。 중간 시험은 언제였습니까?

出張はいつまでですか。 출장은 언제까지입니까?

• 시간을 나타내는 말

| おととい | 昨日 | 今日 | 明日 | あさって |
|---|---|---|---|---|
| 그저께 | 어제 | 오늘 | 내일 | 모레 |
| 先々週 | 先週 | 今週 | 来週 | 再来週 |
| 지지난 주 | 지난 주 | 이번 주 | 다음 주 | 다다음 주 |
| 先々月 | 先月 | 今月 | 来月 | 再来月 |
| 지지난 달 | 지난 달 | 이번 달 | 다음 달 | 다다음 달 |
| おととし | 去年 | 今年 | 来年 | 再来年 |
| 재작년 | 작년 | 올해 | 내년 | 내후년 |

先週から昨日まで忙しかったです。 지난 주부터 어제까지 바빴습니다.

明日3時から会議です。 내일 3시부터 회의입니다.

来週は暇です。 다음 주는 한가합니다.

단어 − 忙しい 바쁘다　　会議 회의　　出張 출장

# 1 질문에 〈보기〉와 같이 답해 보세요.

**보기**

A : この傘は高かったですか。

B1 : はい、高かったです。

B2 : いいえ、高くなかったです(高くありませんでした)。

1) A : 日本は暑かったですか。

B1 : ＿＿＿＿＿＿＿＿＿＿＿＿＿＿＿＿＿＿＿＿＿＿＿＿＿。

B2 : ＿＿＿＿＿＿＿＿＿＿＿＿＿＿＿＿＿＿＿＿＿＿＿＿＿。

2) A : 週末は楽しかったですか。

B1 : ＿＿＿＿＿＿＿＿＿＿＿＿＿＿＿＿＿＿＿＿＿＿＿＿＿。

B2 : ＿＿＿＿＿＿＿＿＿＿＿＿＿＿＿＿＿＿＿＿＿＿＿＿＿。

3) A : アイスクリームは甘かったですか。

B1 : ＿＿＿＿＿＿＿＿＿＿＿＿＿＿＿＿＿＿＿＿＿＿＿＿＿。

B2 : ＿＿＿＿＿＿＿＿＿＿＿＿＿＿＿＿＿＿＿＿＿＿＿＿＿。

4) A : 先週は仕事が多かったですか。

B1 : ＿＿＿＿＿＿＿＿＿＿＿＿＿＿＿＿＿＿＿＿＿＿＿＿＿。

B2 : ＿＿＿＿＿＿＿＿＿＿＿＿＿＿＿＿＿＿＿＿＿＿＿＿＿。

**단어** ― 傘 우산　アイスクリーム 아이스크림　甘い 달다　先週 지난 주

**2** 주어진 단어를 사용하여 〈보기〉와 같이 답해 보세요.

> **보기**
>
> A : 駅はきれいでしたか。(汚い)
>
> B : いいえ、きれいじゃありませんでした。汚かったです。

1) A : このパソコンは便利でしたか。(不便だ)

   B : ________________________________________________。

2) A : イギリスはにぎやかでしたか。(静かだ)

   B : ________________________________________________。

3) A : キムさんは親切でしたか。(不親切だ)

   B : ________________________________________________。

4) A : 料理は上手でしたか。(下手だ)

   B : ________________________________________________。

단어 ─ 料理 요리

## 3 그림을 보고 〈보기〉와 같이 답해 보세요.

**보기**

A : そこはどんな会社でしたか。
B : <u>立派な会社でした</u>。

立派だ

1)
A : パクさんはどんな人でしたか。
B : ＿＿＿＿＿＿＿＿＿＿＿＿＿＿＿＿＿。

真面目だ

2)
A : あれはどんな映画でしたか。
B : ＿＿＿＿＿＿＿＿＿＿＿＿＿＿＿＿＿。

怖い

3)
A : それはどんな車でしたか。
B : ＿＿＿＿＿＿＿＿＿＿＿＿＿＿＿＿＿。

丈夫だ

4)
A : フランスはどんな国でしたか。
B : ＿＿＿＿＿＿＿＿＿＿＿＿＿＿＿＿＿。

すてきだ

**단어** 立派だ 멋지다　怖い 무섭다　丈夫だ 튼튼하다　国 나라

**4** 주어진 날짜를 사용하여 질문에 답해 보세요.

> 
>
> A : 今日は何月何日ですか。(4月 10日)
> B : 4月10日です。

1) A : お誕生日はいつですか。(7月 24日)

   B : ＿＿＿＿＿＿＿＿＿＿＿＿＿＿＿＿＿＿＿＿＿＿＿＿＿＿。


2) A : 子どもの日はいつですか。(5月 5日)

   B : ＿＿＿＿＿＿＿＿＿＿＿＿＿＿＿＿＿＿＿＿＿＿＿＿＿＿。


3) A : 中間テストは何日から何日までですか。(4月 29日〜5月 4日)

   B : ＿＿＿＿＿＿＿＿＿＿＿＿＿＿＿＿＿＿＿＿＿＿＿＿＿＿。


4) A : 去年の夏休みはいつでしたか。(8月 10日〜8月 17日)

   B : ＿＿＿＿＿＿＿＿＿＿＿＿＿＿＿＿＿＿＿＿＿＿＿＿＿＿。

**5** 주어진 단어를 「〜て」, 「〜で」, 「〜が」를 사용하여 〈보기〉와 같이 답해 보세요.

보기

A：旅行はどうでしたか。(楽しい・おもしろい)

B：楽しくておもしろかったです。

A：旅行はどうでしたか。(楽しい・大変だ)

B：楽しかったですが、大変でした。

1) A：田中さんは10年前どうでしたか。(マナーがいい・ハンサムだ)

  B：＿＿＿＿＿＿＿て＿＿＿＿＿＿＿。

2) A：夏休みはどうでしたか。(暇だ・おもしろい)

  B：＿＿＿＿＿＿＿が、＿＿＿＿＿＿＿。

3) A：先週はどうでしたか。(忙しい・楽しい)

  B：＿＿＿＿＿＿＿が、＿＿＿＿＿＿＿。

4) A：テストはどうでしたか。(漢字が多い・難しい)

  B：＿＿＿＿＿＿＿て＿＿＿＿＿＿＿。

단어 ├ 旅行 여행　マナーがいい 매너가 좋다

## 1 문제를 듣고 빈칸을 받아써 보세요.

Track 28

1) 先週はとても ____________________。

2) あの町は ____________________。 (町: 마을)

3) ケーキは ____________________。

4) 今日は ____________________。

## 2 문제를 듣고 내용에 맞는 그림을 순서대로 골라 보세요.

Track 29

1) ____ → ____  2) ____ → ____  3) ____ → ____  4) ____ → ____

①   ②   ③   ④ 

⑤   ⑥   ⑦   ⑧ 

단어 背が低い 키가 작다   汚い 더럽다   静かだ 조용하다

**다음 우리말을 일본어로 써 보세요.**

**1** 지난 주말은 조금 추웠지만, 날씨는 좋았습니다.

______________________________________________。

**2** 전에는 영어를 잘하지 못했습니다. 그러나 지금은 잘합니다. (でも: 그러나)

______________________________________________。

**3** 10년 전에는 키가 작았지만, 이제는 큽니다. (前: 전)

______________________________________________。

**4** 어제는 4월 7일 수요일이었습니다.

______________________________________________。

**5** 시험은 6월 3일부터 6월 6일까지였습니다.

______________________________________________。

● 기분이나 감정을 나타내는 형용사

|  |  |  |  |
|---|---|---|---|
| 厳(きび)しい | 엄하다 | 優(やさ)しい | 상냥하다, 친절하다 |
| 怖(こわ)い | 무섭다 | うらやましい | 부럽다 |
| 恥(は)ずかしい | 부끄럽다 | 惜(お)しい | 아깝다, 애석하다 |
| 悔(くや)しい | 억울하다, 분하다 | 情(なさ)けない | 한심하다 |
| しつこい | 끈질기다, 집요하다 | そそっかしい | 덜렁대다 |
| 冷(つめ)たい | 냉정하다 | すなおだ | 순진하다, 고분고분하다 |
| 親(した)しい | 친하다 | 恋(こい)しい | 그립다 |
| 生意気(なまいき)だ | 건방지다 | かわいそうだ | 가엾다, 불쌍하다 |
| 純粋(じゅんすい)だ | 순수하다 | 短気(たんき)だ | 성미가 급하다 |
| 楽(たの)しい | 즐겁다 | 苦(くる)しい | 괴롭다 |
| 寂(さび)しい | 쓸쓸하다, 외롭다 | 懐(なつ)かしい | 그립다 |
| 辛(つら)い | 괴롭다, 고통스럽다 | 憎(にく)い | 밉다 |
| 空(むな)しい | 허무하다 | 大人(おとな)しい | 얌전하다 |
| ずるい | 교활하다 | ずうずうしい | 뻔뻔하다 |
| 切(せつ)ない | 애달프다, 애절하다 | 面倒(めんどう)くさい | 귀찮다 |
| 正直(しょうじき)だ | 정직하다 | ばかだ | 어리석다 |
| 消極的(しょうきょくてき)だ | 소극적이다 | 積極的(せっきょくてき)だ | 적극적이다 |

<blockquote>

# 絵に描いた餅

### 그림의 떡

아무리 마음에 들어도 이용할 수 없거나 차지할 수 없는 경우를 비유

</blockquote>

# 最近何が一番おいしいですか。

さい きん なに いちばん

최근에 무엇이 가장 맛있습니까?

**학습할 내용**

1 AとBとどちらが ～ですか (2가지 비교) A와 B 중 어느 쪽이 ～합니까?

2 (Aより) Bの方が ～です。 (A보다) B가 더 ～입니다.

3 ～の中で何/誰/どこ/いつ/どれが一番～ですか。

～ 중에서 무엇 / 누구 / 어디 / 언제 / 어느 것이 가장 ～합니까?

4 ～が一番 ～です。 ～이/가 가장 ～합니다.

≫ 박(시우) 씨와 다나카 씨가 좋아하는 과일에 대해 이야기합니다.　Track 30

田中　パクさん、今日はお弁当ですか。全部果物ですね。

　　　果物だけで大丈夫ですか。

パク　はい、果物が好きだから大丈夫です。

田中　そうですか。パクさんは果物の中で何が一番好きですか。

パク　そうですね、いちごとりんごが好きですが…。

　　　田中さんも果物が好きですか。

田中　はい、好きです。でも野菜の方が好きです。

パク　野菜？最近何が一番おいしいですか。

田中　なすです。おいしくて体にいいです。

パク　そうですか。


**단어**

お弁当 도시락　全部 전부　果物 과일　～だけで ～만으로　大丈夫だ 괜찮다　野菜 야채　～方 ～쪽

最近 최근　なす 가지　体にいい 몸에 좋다

| | |
|---|---|
| 다나카 | 박(시우) 씨, 오늘은 도시락인가요? 전부 과일이네요. 과일만으로 괜찮겠어요? |
| 박(시우) | 네. 과일을 좋아해서 괜찮습니다. |
| 다나카 | 그러세요? 박(시우) 씨는 과일 중에서 무엇을 가장 좋아합니까? |
| 박(시우) | 글쎄요. 딸기와 사과를 좋아합니다만… 다나카 씨도 과일을 좋아하세요? |
| 다나카 | 네, 좋아해요. 그런데 야채가 더 좋아요. |
| 박(시우) | 야채요? 최근에 뭐가 가장 맛있습니까? |
| 다나카 | 가지요. 맛있고 몸에 좋아요. |
| 박(시우) | 그렇군요. |

## 1. AとBとどちらが~ですか。(2개 비교)　　　　　　A와 B 중 어느 쪽이 ~합니까?

2개의 대상을 비교하여 묻는 표현입니다. 「どちら」는 '어느 쪽', '어느 것'이라는 뜻의 의문사로, 비교 대상을 지칭하는 말입니다. 비교 대상이 사람·사물·장소인지 등에 상관없이 사용합니다.

野球とサッカーとどちらが上手ですか。　야구와 축구 중 어느 쪽을 잘합니까?

犬と猫とどちらがかわいいですか。　개와 고양이 중 어느 쪽이 귀엽습니까?

日本語と中国語とどちらが難しいですか。　일본어와 중국어 중 어느 쪽이 어렵습니까?

夏と冬とどちらが好きですか。　여름과 겨울 중 어느 쪽이 좋습니까?

それとあれとどちらが大きいですか。　그것과 저것 중 어느 것이 큽니까?


## 2. (Aより)Bの方が~です。　　　　　　　　　　　　　(A보다) B가 더 ~입니다.

2개의 대상을 비교하는 표현으로, 「~より」는 '~보다', 「~方」는 '~ 쪽'이라는 뜻입니다.

(サッカーより)野球の方が上手です。　(축구보다) 야구를 더 잘합니다.

(猫より)犬の方がかわいいです。　(고양이보다) 개가 더 귀엽습니다.

(中国語より)日本語の方が難しいです。　(중국어보다) 일본어가 더 어렵습니다.

(夏より)冬の方が好きです。　(여름보다) 겨울이 더 좋습니다.

(それより)あれの方が大きいです。　(그것보다) 저것이 더 큽니다.


単어 ── 野球 야구　　サッカー 축구　　夏 여름　　冬 겨울

## 3. ～の中で何/誰/どこ/いつ/どれが一番～ですか。(3개 이상 비교)



비교 대상이 3개 이상일 때 최상급을 사용하여 묻는 표현입니다. 비교 대상이 무엇이냐에 따라 의문사가 달라집니다.

食べ物の中で何が一番おいしいですか。 음식 중에서 무엇이 가장 맛있습니까?

クラスの中で誰が一番速いですか。 반에서 누가 가장 빠릅니까?

韓国の中でどこが一番有名ですか。 한국에서 어디가 가장 유명합니까?

一週間の中でいつが一番大変ですか。 일주일 중에 언제가 가장 힘듭니까?

この中でどれが一番いいですか。 이 중에서 어느 것이 가장 좋습니까?


## 4. ～が一番～です。

～이 가장 ～합니다.

비교 대상이 3개 이상일 때, '～이 가장 ～하다'라고 말하는 표현입니다. 「一番」은 '가장', '제일'이란 뜻입니다.

カルビが一番おいしいです。 갈비가 가장 맛있습니다.

田中さんが一番速いです。 다나카 씨가 가장 빠릅니다.

ソウルが一番有名です。 서울이 가장 유명합니다.

水曜日が一番大変です。 수요일이 가장 힘듭니다.

これが一番いいです。 이것이 가장 좋습니다.


단어 ├ 食べ物 음식　　～中で ～중에서　　クラス 반, 학급　　一週間 일주일　　カルビ 갈비

**1** 주어진 단어를 사용하여 〈보기〉와 같이 말해 보세요.

보기

(いちご、りんご、好きだ)
A：<u>いちご</u>と<u>りんご</u>とどちらが<u>好き</u>ですか。
B：<u>いちごよりりんごの方が好き</u>です。

1) (日本語、中国語、簡単だ)

A：＿＿＿＿＿と＿＿＿＿＿とどちらが＿＿＿＿＿。

B：＿＿＿＿＿＿＿＿＿＿＿＿＿＿＿＿＿＿＿。

2) (パン、お菓子、好きだ)

A：＿＿＿＿＿と＿＿＿＿＿とどちらが＿＿＿＿＿。

B：＿＿＿＿＿＿＿＿＿＿＿＿＿＿＿＿＿＿＿。

3) (バス、地下鉄、速い)

A：＿＿＿＿＿と＿＿＿＿＿とどちらが＿＿＿＿＿。

B：＿＿＿＿＿＿＿＿＿＿＿＿＿＿＿＿＿＿＿。

4) (野球、サッカー、上手だ)

A：＿＿＿＿＿と＿＿＿＿＿とどちらが＿＿＿＿＿。

B：＿＿＿＿＿＿＿＿＿＿＿＿＿＿＿＿＿＿＿。

**2** 주어진 단어를 사용하여 〈보기〉와 같이 말해 보세요.

1) ⓐ みかん　　ⓑ すいか　　ⓒ 好きだ　　ⓓ 甘いものが好きだ

2) ⓐ 冬　　ⓑ 夏　　ⓒ 好きだ　　ⓓ 水泳が好きだ

3) ⓐ アイス　　ⓑ ホット　　ⓒ 好きだ　　ⓓ ホットがおいしい

4) ⓐ バス　　ⓑ 地下鉄　　ⓒ 便利だ　　ⓓ 駅が近い

단어 ― ホット hot　アイス ice

**3** 주어진 단어와 알맞은 의문사를 사용하여 〈보기〉와 같이 말해 보세요.

> **보기**
>
> (果物、好きだ、りんご)
> A：果物の中で 何が 一番 好きですか。
> B：りんごが一番好きです。

1) (料理、おいしい、プルコギ)

A : ＿＿＿＿＿＿ の中で ＿＿＿＿＿＿ 一番 ＿＿＿＿＿＿＿＿＿＿＿。

B : ＿＿＿＿＿＿＿＿＿＿＿＿＿＿＿＿＿＿＿＿＿＿＿。

2) (クラス、背が高い、田中)

A : ＿＿＿＿＿＿ の中で ＿＿＿＿＿＿ 一番 ＿＿＿＿＿＿＿＿＿＿＿。

B : ＿＿＿＿＿＿＿＿＿＿＿＿＿＿＿＿＿＿＿＿＿＿＿。

3) (一週間、忙しい、月曜日)

A : ＿＿＿＿＿＿ の中で ＿＿＿＿＿＿ 一番 ＿＿＿＿＿＿＿＿＿＿＿。

B : ＿＿＿＿＿＿＿＿＿＿＿＿＿＿＿＿＿＿＿＿＿＿＿。

4) (韓国、有名だ、ソウル)

A : ＿＿＿＿＿＿ の中で ＿＿＿＿＿＿ 一番 ＿＿＿＿＿＿＿＿＿＿＿。

B : ＿＿＿＿＿＿＿＿＿＿＿＿＿＿＿＿＿＿＿＿＿＿＿。

---

**단어** ― 果物 과일    プルコギ 불고기    背が高い 키가 크다    一週間 일주일 간

## 4 주어진 단어를 사용하여 〈보기〉와 같이 말해 보세요.



1) ⓐ 果物　　ⓑ 何　　ⓒ いちご　　ⓓ 甘くておいしい

2) ⓐ スポーツ　　ⓑ 何　　ⓒ サッカー　　ⓓ 上手だ

3) ⓐ クラス　　ⓑ 誰　　ⓒ 田中さん　　ⓓ ハンサムでやさしい

4) ⓐ 一週間　　ⓑ いつ　　ⓒ 金曜日　　ⓓ 次の日が休みだ

単어 ├ 季節 계절　春 봄　花 꽃　サッカー 축구　クラス 학급　次の日 다음 날　休みだ 휴일이다

## 1 문제를 듣고 빈칸을 받아써 보세요.

Track 31

1) 野球 _______ サッカー ___________ 好きですか。

2) おいしいから ___________________ の方が好きです。

3) 韓国の ___________________ 有名ですか。

4) 歌手の中で ___________________ 。 (歌手: 가수)

## 2 문제를 듣고 내용에 맞는 그림을 골라 보세요.

Track 32

1) ①  ②  ③ 

2) ①  ②  ③ 

3) ①  ②  ③ 

4) ①  ②  ③ 

다음 우리말을 일본어로 써 보세요.


1 축구와 야구 중 어느 쪽을 잘합니까?

_______________________________________。


2 겨울보다 여름을 더 싫어합니다.

_______________________________________。


3 과일 중에서 무엇이 가장 맛있습니까?

_______________________________________。


4 가수 중에서 누구를 가장 좋아합니까?

_______________________________________。


5 일본 (중)에서 동경이 가장 번화합니다. (東京: 동경)

_______________________________________。

## ● 과일(果物)

なし
배

ぶどう
포도

メロン
메론

みかん
귤

もも
복숭아

すいか
수박

グレープフルーツ
자몽

オレンジ
오렌지

## ● 색(色)

赤
빨강

青
파랑

黒
검정

白
흰색

黄色
노랑

茶色
갈색

緑
녹색

紫
보라색

# この近くに喫茶店がありますか。

이 근처에 찻집이 있습니까?

**학습할 내용**

1. 장소 に 사물/식물 があります。 ~에 (사물/식물)이 있습니다.

2. 장소 に 사람/동물 がいます。 ~에 (사람/동물)이 있습니다.

3. ありません/いません  없습니다

4. 위치명사

≫ 박(시우) 씨가 다나카 씨에게 커피숍 위치를 묻습니다. 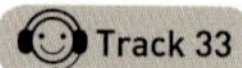 Track 33

**パク**　田中さん、この近くにスタバがありますか。

**田中**　どうしてですか。

**パク**　そこで姉と約束があります。

**田中**　そうですか。スタバは銀行の隣にあります。

**パク**　すみませんが、銀行はどこにありますか。

**田中**　銀行は駅の左にあります。

**パク**　駅の左ですね。

**田中**　はい、そうです。ところで、パクさんは何人家族ですか？

**パク**　祖母と父、それから母、姉、妹がいます。

**田中**　大家族ですね。

**パク**　人が多くていつもにぎやかです。

**田中**　私は一人っ子ですから、うらやましいです。

---

**단어**

近くに 근처에　　姉 언니, 누나　　約束 약속　　隣 옆　　左 왼쪽　　ところで 그런데　　祖母 할머니　　父 아버지　　母 어머니

妹 여동생　　それから 그리고　　大家族 대가족　　一人っ子 외동딸, 외동아들　　うらやましい 부럽다

박(시우) 　다나카 씨, 이 근처에 스타벅스가 있습니까?

다나카 　왜요?

박(시우) 　거기서 누나랑 약속이 있습니다.

다나카 　그래요. 은행 옆에 있어요.

박(시우) 　죄송합니다만, 은행은 어디에 있는데요?

다나카 　은행은 역 왼쪽에 있어요.

박(시우) 　역 왼쪽이죠.

다나카 　네. 그런데, 박(시우) 씨는 가족이 몇 명인가요?

박(시우) 　할머니, 아버지, 그리고, 엄마, 누나, 여동생이 있습니다.

다나카 　대가족이네요.

박(시우) 　사람이 많아서 항상 북적거립니다.

다나카 　저는 혼자여서 부럽네요.

## 1. 장소**に** 사물/식물 **があります。**

~에 (사물/식물)이 있습니다.

우리말 '있다'에 해당하는 동사는 「ある」, 「いる」 두 가지가 있습니다. 그 중 「ある」는 주어가 '사물이나 식물'일 때 사용하며, 정중형은 「あります」입니다. 「に」는 '~에'라는 장소를 나타내는 조사입니다.

**机の上にパソコンがあります。** 책상 위에 컴퓨터가 있습니다.

**教室の中に花があります。** 교실 안에 꽃이 있습니다.

**会社の前に食堂があります。** 회사 앞에 식당이 있습니다.

## 2. 장소**に** 사람/동물 **がいます。**

~에 (사람/동물)이 있습니다.

주어가 '사람이나 동물'일 때는 「いる」를 사용하며, 정중형은 「います」입니다.

**学校の前に先生がいます。** 학교 앞에 선생님이 있습니다.

**椅子の下に猫がいます。** 의자 밑에 고양이가 있습니다.

**教室の中に学生がいます。** 교실 안에 학생이 있습니다.

## 3. **ありません / いません。**

없습니다.

「ある」, 「いる」의 부정형은 각각 「ない」, 「いない」이며, 정중형은 「ありません」, 「いません」입니다.

A: **机の上にパソコンがありますか。** 책상 위에 컴퓨터가 있습니까?

B: **はい、あります。 / いいえ、ありません。** 네, 있습니다. / 아니오, 없습니다.

A: **テーブルの上に猫がいますか。** 테이블 위에 고양이가 있습니까?

B: **はい、います。 / いいえ、いません。** 네, 있습니다. / 아니오, 없습니다.

前 앞

テーブルの前に猫がいます。
테이블 앞에 고양이가 있습니다.

後ろ 뒤

テーブルの後ろに猫がいます。
테이블 뒤에 고양이가 있습니다.

上 위

テーブルの上に猫がいます。
테이블 위에 고양이가 있습니다.

下 아래

テーブルの下に猫がいます。
테이블 아래에 고양이가 있습니다.

中 안

箱の中に猫がいます。
상자 안에 고양이가 있습니다.

外 밖

箱の外に猫がいます。
상자 밖에 고양이가 있습니다.

右 오른쪽

テーブルの右に猫がいます。
테이블 오른쪽에 고양이가 있습니다.

左 왼쪽

テーブルの左に猫がいます。
테이블 왼쪽에 고양이가 있습니다.

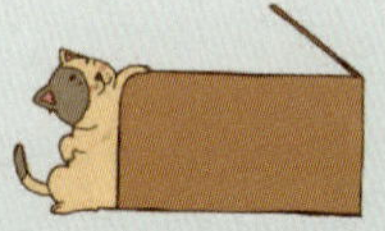

横 옆

箱の横に猫がいます。
상자 옆에(붙어 있는) 고양이가 있습니다.

隣 옆

アパートの隣にアパートがあります。
아파트 옆에(나란히) 아파트가 있습니다.

近く 근처

家の近くに公園があります。
집 근처에 공원이 있습니다.

間 사이

椅子の間にかばんがあります。
의자 사이에 가방이 있습니다.

## 1 질문에 〈보기〉와 같이 답해 보세요.



A：部屋の中に猫がいますか。

B₁：はい、部屋の中にいます。

B₂：いいえ、部屋の中にいません。

1) A：机の上に花がありますか。

B₁： ＿＿＿＿＿＿＿＿＿＿＿＿＿＿＿＿＿＿＿＿。

B₂： ＿＿＿＿＿＿＿＿＿＿＿＿＿＿＿＿＿＿＿＿。

2) A：スピーカーの間にテレビがありますか。

B₁： ＿＿＿＿＿＿＿＿＿＿＿＿＿＿＿＿＿＿＿＿。

B₂： ＿＿＿＿＿＿＿＿＿＿＿＿＿＿＿＿＿＿＿＿。

3) A：家の前に田中さんがいますか。

B₁： ＿＿＿＿＿＿＿＿＿＿＿＿＿＿＿＿＿＿＿＿。

B₂： ＿＿＿＿＿＿＿＿＿＿＿＿＿＿＿＿＿＿＿＿。

4) A：テーブルの下に犬がいますか。

B₁： ＿＿＿＿＿＿＿＿＿＿＿＿＿＿＿＿＿＿＿＿。

B₂： ＿＿＿＿＿＿＿＿＿＿＿＿＿＿＿＿＿＿＿＿。

단어 スピーカー 스피커　テーブル 테이블

## 2 다음 그림을 보고 〈보기〉와 같이 대화를 완성해 보세요.

**보기**

A : クーラーはどこにありますか。(カレンダー)
B : カレンダーの右にあります。

1) A : 猫は ___________________________________。(ベッド)

   B : ___________________________________。


2) A : くつは ___________________________________。(箱)

   B : ___________________________________。


3) A : かさは ___________________________________。(テレビ、スピーカー)

   B : ___________________________________。


**단어** クーラー 에어컨　カレンダー 달　ベッド 침대　箱 상자

## 3 다음 그림을 보고 질문에 답해 보세요.

1) 全部で何人ですか。
ぜん ぶ　　なんにん

　_______________________________________。

2) キムさんのお父さんはどこにいますか。
とう

　_______________________________________。

3) キムさんのお母さんはどこにいますか。
かあ

　_______________________________________。

4) キムさんの子供は何人ですか。
こ ども　なんにん

　_______________________________________。

5) キムさんの奥さんはどこにいますか。
おく

　_______________________________________。

단어 ― お父さん 아버지　お母さん 어머니　子供 아이　奥さん 부인　息子 아들　娘 딸
とう　　　　　　かあ　　　　　　こども　　　　おく　　　　　むすこ　　　　むすめ

## 1 문제를 듣고 빈칸을 받아써 보세요.　　　Track 34

1) 猫（ねこ）は ＿＿＿＿＿＿＿＿＿＿＿＿＿＿＿＿＿。

2) かばんは ＿＿＿＿＿＿＿＿＿＿＿＿＿＿＿＿＿。

3) テレビはスピーカーの 左（ひだり）の ＿＿＿＿＿＿＿＿＿＿＿＿＿ あります。

4) 妹（いもうと）は ＿＿＿＿＿＿＿＿＿＿＿＿＿ います。

## 2 문제를 듣고 문제에서 말하는 물건의 위치를 찾아 보세요.　　　Track 35

1) ＿＿＿＿＿＿　　　2) ＿＿＿＿＿＿　　　3) ＿＿＿＿＿＿　　　4) ＿＿＿＿＿＿

다음 우리말을 일본어로 써 보세요.

1 편의점은 은행 옆에 있습니다.

2 백화점은 역 근처에 있습니다.

3 고양이는 의자 아래에 있습니다.

4 가방 안에 책이 없습니다.

5 아버지, 어머니, 언니가 2명 있습니다.

● 가족명칭

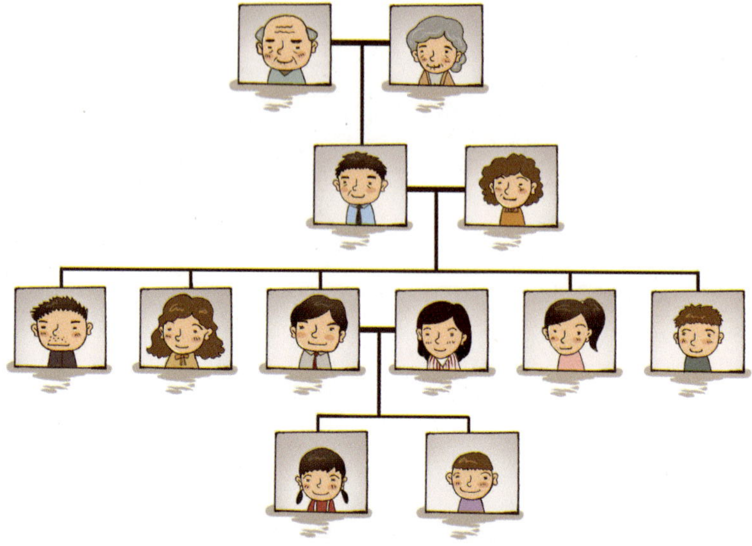

| 나의 가족 | | 남의 가족 |
|---|---|---|
| 祖父 （そふ） | 할아버지 | おじいさん |
| 祖母 （そぼ） | 할머니 | おばあさん |
| 父 （ちち） | 아버지 | お父（とう）さん |
| 母 （はは） | 어머니 | お母（かあ）さん |
| 兄 （あに） | 형/오빠 | お兄（にい）さん |
| 姉 （あね） | 누나/언니 | お姉（ねえ）さん |
| 弟 （おとうと） | 남동생 | 弟（おとうと）さん |
| 妹 （いもうと） | 여동생 | 妹（いもうと）さん |
| 夫（おっと）・主人（しゅじん） | 남편 | ご主人（しゅじん） |
| 妻（つま）・家内（かない） | 부인 | 奥（おく）さん |
| 息子 （むすこ） | 아들 | 息子（むすこ）さん |
| 娘 （むすめ） | 딸 | 娘（むすめ）さん |

# 最近運動をしますか。

最근에 운동하세요?

학습할 내용

① 동사 (1그룹 / 2그룹 / 3그룹)

② ～ます(ません) ～합니다 (～하지 않습니다)

③ 조사

≫ 박(시우) 씨가 운동에 대해 이야기합니다. 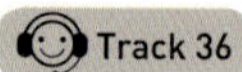 Track 36

パク　田中さん、よく運動をしますか。

田中　いいえ、仕事が忙しくて、あまりしません。パクさんは？

パク　私は最近よく運動をします。

田中　どこでしますか。

パク　家の近くの公園でします。

田中　毎日しますか。

パク　いいえ、週に2、3回です。

田中　今日もしますか。

パク　いいえ、今日はしません。友だちに会います。
　　　田中さんは何をしますか。

田中　私は早くうちへ帰ります。

---

**단어**

運動する 운동하다　あまり 그다지, 별로　よく 자주　どこで 어디에서　毎日 매일　回 회　友だち 친구

～に会う ～을/를 만나다　早く 빨리　うち 집　帰る 돌아가다

**박(시우)**　다나카 씨, 자주 운동하세요?

**다나카**　아니요, 일이 바빠서 별로 못해요. 박(시우) 씨는요?

**박(시우)**　저는 최근에 자주 운동을 합니다.

**다나카**　어디에서 하세요?

**박(시우)**　집 근처 공원에서요.

**다나카**　매일 하세요?

**박(시우)**　아니요, 주 2, 3회요.

**다나카**　오늘도 하세요?

**박(시우)**　아니요, 오늘은 안 합니다. 친구 만날 거예요. 다나카 씨는 뭐 하실 거예요?

**다나카**　저는 빨리 집에 갈 거예요.

## 1. 동사

일본어 동사의 기본형은 어미가 모두 「う」단 (う、く、ぐ、す、つ、ぬ、ふ、ぶ、む、る)으로 끝나며, 활용하는 형태에 따라 다음 3가지로 나뉩니다.

### ① 1그룹 동사

어미가 「る」로 끝나지 않는 동사, 어미가 「る」로 끝나고, 바로 앞이 「あ」, 「う」, 「お」단이 오는 동사를 말합니다. 1그룹 동사에는, 형태는 2그룹처럼 보이지만 1그룹으로 분류되는 예외 동사가 있다는 점을 주의해야 합니다.

### ② 2그룹 동사

어미가 「る」로 끝나고, 어미 「る」 앞에 「い」, 「え」단이 오는 동사를 말합니다.

### ③ 3그룹 동사

불규칙 활용을 하는 동사로, 「来る」, 「する」 2개뿐입니다.

| 종류 | 형태 |
|---|---|
| 1그룹 동사 | **어미가 「る」로 끝나지 않는 동사**<br>会う 만나다　書く 쓰다　急ぐ 서두르다　話す 말하다　待つ 기다리다<br>死ぬ 죽다　遊ぶ 놀다　飲む 마시다 …<br><br>**어미가 「る」로 끝나고, 바로 앞이 「あ」, 「う」, 「お」단이 오는 동사**<br>ある 있다　作る 만들다　乗る 타다 …<br><br>*** 예외 1그룹 동사** (2그룹처럼 보이지만 1그룹으로 분류)<br>帰る 돌아가다　入る 들어가다　走る 달리다　切る 자르다<br>知る 알다　要る 필요하다 … |
| 2그룹 동사 | **어미가 「る」로 끝나고, 바로 앞이 「い」, 「え」단이 오는 동사**<br>見る 보다　起きる 일어나다　寝る 자다　食べる 먹다 … |
| 3그룹 동사 | 来る 오다　する 하다 |

## 2. ～ます (ません)。



명사, 형용사는 「です」를 붙여 '～입니다'라는 정중형을 만들었다면, 동사는 「ます」를 붙여 '～합니다' 라는 정중형을 만듭니다. '～하지 않습니다'라는 부정형은 「ません」을 붙입니다.

| 1그룹 동사 | 어미 「う」단을 「い」단으로 바꾸고 「ます(ません)」를 붙인다. | | |
|---|---|---|---|
| | 会う 만나다 | → | 会います(会いません) | 만납니다 (만나지 않습니다) |
| | 書く 쓰다 | → | 書きます(書きません) | 씁니다 (쓰지 않습니다) |
| | 飲む 마시다 | → | 飲みます(飲みません) | 마십니다 (마시지 않습니다) |
| | 遊ぶ 놀다 | → | 遊びます(遊びません) | 놉니다 (놀지 않습니다) |
| | 急ぐ 서두르다 | → | 急ぎます(急ぎません) | 서두릅니다 (서두르지 않습니다) |
| | 待つ 기다리다 | → | 待ちます(待ちません) | 기다립니다 (기다리지 않습니다) |
| | 死ぬ 죽다 | → | 死にます(死にません) | 죽습니다 (죽지 않습니다) |
| | 帰る 돌아가다 | → | 帰ります(帰りません) | 돌아갑니다 (돌아가지 않습니다) |
| 2그룹 동사 | 어미 る를 지우고 「ます(ません)」을 붙인다. | | |
| | 見る 보다 | → | 見ます(見ません) | 봅니다 (보지 않습니다) |
| | 起きる 일어나다 | → | 起きます(起きません) | 일어납니다 (일어나지 않습니다) |
| | 寝る 자다 | → | 寝ます(寝ません) | 잡니다 (자지 않습니다) |
| | 食べる 먹다 | → | 食べます(食べません) | 먹습니다 (먹지 않습니다) |
| 3그룹 동사 | 불규칙 | | |
| | 来る 오다 | → | 来ます(来ません) | 옵니다 (오지 않습니다) |
| | する 하다 | → | します(しません) | 합니다 (하지 않습니다) |

## 3. 조사

① 목적, 대상 : を

우리말 '～을/를'에 해당하며, 동사의 목적어를 나타냅니다.

日本語の新聞を読みます。 일본어 신문을 읽습니다.　　　　顔を洗います。 얼굴을 씻습니다.

## ② 동작의 상대 : と

우리말 '~와/과'에 해당하며, 동작을 같이 하는 상대를 나타냅니다.

友だちと映画を見ます。 친구와 영화를 봅니다.

家族と話します。 가족과 얘기합니다

## ③ 장소, 수단 : で

동작이 일어나는 장소 뒤에 붙어 '~에서'의 의미로 쓰이거나, 수단이나 방법 등의 뒤에 붙어 '~로'의 의미로 사용됩니다.

学校で勉強します。 학교에서 공부를 합니다.

日本語で話します。 일본어로 말합니다.

## ④ 시간, 장소, 상대 : に

구체적인 시간이나 존재 장소 뒤에 붙어 '~에'의 의미로 쓰이거나, 사람, 직함 등에 붙어 '~에게/한테' 등의 의미로 사용됩니다.

7時に起きます。 7시에 일어납니다.     教室にいます。 교실에 있습니다.

先生に話します。 선생님께 말합니다.

## ⑤ 방향 : へ

방향을 나타내는 '~로/으로'의 의미로 사용됩니다. 「へ」가 조사로 쓰일 때는 [he]가 아닌 [e]로 발음합니다.

学校へ行きます。 학교에 갑니다.     うちへ帰ります。 집에 돌아갑니다.

단어 - 勉強する 공부하다   起きる 일어나다   行く 가다   うち 집   帰る 돌아가다

**1** 주어진 말을 사용하여 〈보기〉와 같이 답해 보세요.

> **보기**
>
> 日本語の勉強をする
>
> A : よく日本語の勉強をしますか。
>
> B₁ : はい、よくします。
>
> B₂ : いいえ、あまりしません。

**1) コーヒーを飲む**

A : よく＿＿＿＿＿＿＿＿＿＿＿＿＿＿＿＿＿＿＿＿。

B₁ : ＿＿＿＿＿＿＿＿＿＿＿＿＿＿＿＿＿＿＿＿。

B₂ : ＿＿＿＿＿＿＿＿＿＿＿＿＿＿＿＿＿＿＿＿。

**2) 地下鉄に乗る**

A : よく＿＿＿＿＿＿＿＿＿＿＿＿＿＿＿＿＿＿＿＿。

B₁ : ＿＿＿＿＿＿＿＿＿＿＿＿＿＿＿＿＿＿＿＿。

B₂ : ＿＿＿＿＿＿＿＿＿＿＿＿＿＿＿＿＿＿＿＿。

**3) 友だちに会う**

A : よく＿＿＿＿＿＿＿＿＿＿＿＿＿＿＿＿＿＿＿＿。

B₁ : ＿＿＿＿＿＿＿＿＿＿＿＿＿＿＿＿＿＿＿＿。

B₂ : ＿＿＿＿＿＿＿＿＿＿＿＿＿＿＿＿＿＿＿＿。

**4) 朝ご飯を食べる**

A : よく＿＿＿＿＿＿＿＿＿＿＿＿＿＿＿＿＿＿＿＿。

B₁ : ＿＿＿＿＿＿＿＿＿＿＿＿＿＿＿＿＿＿＿＿。

B₂ : ＿＿＿＿＿＿＿＿＿＿＿＿＿＿＿＿＿＿＿＿。

## 2 괄호 안에 적당한 조사를 골라 넣어 말해 보세요.

> が　を　に　で　から　へ　まで　と

1) 毎朝7時 (　　) 起きます。それからご飯 (　　) 食べます。

2) 毎日9時 (　　) 6時 (　　) 会社 (　　) 仕事 (　　) します。

3) 何時 (　　) うち (　　) 帰りますか。

4) 田中さん (　　) 何語 (　　) 話しますか。

5) よく先生 (　　) 質問しますか。

6) 教室 (　　) 何 (　　) ありますか。

단어 ├ 毎朝 매일아침　それから 그리고 나서　ご飯 밥　何語 무슨 말(언어)　質問する 질문하다

# 3 주어진 말을 사용하여 〈보기〉와 같이 말해 보세요.

1) ⓐ 運動をする　　ⓑ どんな運動をする　　ⓒ 自転車に乗る

2) ⓐ 本を読む　　ⓑ どんな本を読む　　ⓒ 小説を読む

3) ⓐ 料理を作る　　ⓑ 何を作る　　ⓒ 日本料理を作る

4) ⓐ 勉強をする　　ⓑ どこでする　　ⓒ うちでする

단어 ├ 読む 읽다　運動 운동　・自転車 자전거　小説 소설

**1** 문제를 듣고 빈칸을 받아써 보세요.　　　　　　　　　Track 37

1) 私は毎日7時に ________________________________。

2) 学校で ________________________________________。

3) 地下鉄で ______________________________________。

4) 今日は ________________________________________。

**2** 문제를 듣고 내용에 맞는 그림을 골라 보세요.　　　　　　Track 38

1) ________　2) ________　3) ________　4) ________　5) ________

①　　　　　②　　　　　③

④　　　　　⑤

다음 우리말을 일본어로 써 보세요.

**1** 저는 자주 커피를 마십니다.

　　　　　　　　　　　　　　　　　　　　　　　　　　　　　。

**2** 저는 매일 일찍 일어납니다. (早く:일찍)

　　　　　　　　　　　　　　　　　　　　　　　　　　　　　。

**3** 이번 주말은 무엇을 할 겁니까?

　　　　　　　　　　　　　　　　　　　　　　　　　　　　　。

**4** 역 앞에서 친구를 만날 겁니다.

　　　　　　　　　　　　　　　　　　　　　　　　　　　　　。

**5** 오늘은 집에 일찍 돌아가지 않을 겁니다.

　　　　　　　　　　　　　　　　　　　　　　　　　　　　　。

## ● 자주 쓰이는 표현들

**朝6時に起きる**
아침 6시에 일어나다

**顔を洗う**
얼굴을 씻다

**歯を磨く**
이를 닦다

**ご飯を食べる**
밥을 먹다

**水を飲む**
물을 마시다

**会社へ行く**
회사에 가다

**地下鉄に乗る**
지하철을 타다

**本を読む**
책을 읽다

**彼氏(彼女)に会う**
남자(여자)친구를 만나다

**友だちと遊ぶ**
친구랑 놀다

**音楽を聞く**
음악을 듣다

**レポートを書く**
레포트를 쓰다

**図書館で勉強する**
도서관에서 공부하다

**家へ帰る**
집에 돌아가다

**家族と話す**
가족이랑 얘기하다

**仕事をする**
일하다

**服を着る**
옷을 입다

**バスを待つ**
버스를 기다리다

**お風呂に入る**
목욕하다

**夜遅く寝る**
밤 늦게 자다

# 今日は何を食べましょうか。

오늘 무엇을 먹을까요?

**학습할 내용**

❶ 「~ます」의 과거형

❷ 「~ます」를 응용한 권유와 의향 묻기

① ~ませんか　~하지 않겠습니까?

② ~ましょう　~합시다.

③ ~ましょうか　~할까요?

≫ 박(시우) 씨와 다나카 씨가 점심 메뉴를 정합니다.　　Track 39

田中　パクさん、そろそろ昼ごはんを食べましょう。

パク　もう昼ごはんの時間ですか。 いいですよ。

田中　今日は何を食べましょうか。

パク　うどんはどうですか。

田中　うどんもいいですけど、うどんは昨日山田さんと食べました。

パク　そうですか。じゃあ、図書館の近くのどんぶり屋に行きませんか。

田中　新しい店ですか。

パク　はい、昨日行きましたが、人が多くて食べませんでした。

田中　それは残念ですね。じゃあ、今日はどんぶりを食べましょう。

---

**단어**

そろそろ 슬슬　食べる 먹다　もう 이미, 벌써　うどん 우동　どんぶり屋 돈부리 집 (덮밥 집)　残念ですね 아쉽다

じゃあ 그럼

해석

| | |
|---|---|
| **다나카** | 박(시우) 씨, 슬슬 점심 먹어요. |
| **박(시우)** | 벌써 점심시간인가요? 좋아요. |
| **다나카** | 오늘은 무엇을 먹을까요? |
| **박(시우)** | 우동은 어떠세요? |
| **다나카** | 우동도 좋지만, 우동은 어제 야마다 씨와 먹었어요. |
| **박(시우)** | 그렇습니까, 그럼 도서관 근처 돈부리 집에 가지 않으실래요? |
| **다나카** | 새로 생긴 가게입니까? |
| **박(시우)** | 네. 어제 갔었는데, 사람이 많아서 먹지 않았습니다. |
| **다나카** | 아쉽네요. 그럼, 오늘은 덮밥을 먹읍시다. |

## 1. 「~ます」의 과거형

「~ます」의 과거형은 「~ます」 자리에 「~ます」의 과거형 「~ました(~했습니다)」를 붙입니다. '~하지 않았습니다'라는 부정형은 「~ませんでした」를 붙입니다.

| | 기본형 | ~ました<br>~했습니다 | ~ませんでした<br>~하지 않았습니다 |
|---|---|---|---|
| 1그룹 동사 | 買う 사다 | 買いました | 買いませんでした |
| | 聞く 듣다 | 聞きました | 聞きませんでした |
| | 泳ぐ 수영하다 | 泳ぎました | 泳ぎませんでした |
| | 話す 말하다 | 話しました | 話しませんでした |
| | 待つ 기다리다 | 待ちました | 待ちませんでした |
| | 死ぬ 죽다 | 死にました | 死にませんでした |
| | 遊ぶ 놀다 | 遊びました | 遊びませんでした |
| | 読む 읽다 | 読みました | 読みませんでした |
| | 入る 들어가다 | 入りました | 入りませんでした |
| 2그룹 동사 | 見る 보다 | 見ました | 見ませんでした |
| | 起きる 일어나다 | 起きました | 起きませんでした |
| | 食べる 먹다 | 食べました | 食べませんでした |
| 3그룹 동사 | 来る 오다 | 来ました | 来ませんでした |
| | する 하다 | しました | しませんでした |

## 2. 「~ます」를 응용한 권유와 의향 묻기

상대방에게 권유하거나, 의향이나 의견을 물을 때 다음과 같은 표현을 사용합니다. 「〜ませんか」가
「〜ましょうか」보다 정중한 표현입니다.

① 〜ませんか。 ~하지 않겠습니까?

映画を見ませんか。 영화 보지 않겠습니까?

一緒に行きませんか。 함께 가지 않겠습니까?

少し休みませんか。 잠깐 쉬지 않겠습니까?

② 〜ましょう。 ~합시다.

すしを食べましょう。 초밥을 먹읍시다.

公園へ行きましょう。 공원에 갑시다.

4時に会いましょう。 4시에 만납시다.

③ 〜ましょうか。 ~할까요?

少し休みましょうか。 잠깐 쉴까요?

そろそろ帰りましょうか。 슬슬 돌아갈까요?

何を食べましょうか。 무엇을 먹을까요?

단어 ─ 一緒に 함께　少し 조금, 잠깐　休む 쉬다　そろそろ 슬슬

## 1 질문에 〈보기〉와 같이 답해 보세요.

**보기**

A：昨日お酒を飲みましたか。

B₁：はい、飲みました。

B₂：いいえ、飲みませんでした。

1) A：週末、映画を見ましたか。

B₁： ________________________________________。

B₂： ________________________________________。

2) A：朝ご飯を食べましたか。

B₁： ________________________________________。

B₂： ________________________________________。

3) A：昨日デートをしましたか。

B₁： ________________________________________。

B₂： ________________________________________。

4) A：週末、図書館に行きましたか。

B₁： ________________________________________。

B₂： ________________________________________。

**단어** お酒 술　飲む 마시다　朝ごはん 아침밥

## 2 주어진 말을 사용하여 〈보기〉와 같이 말해 보세요.

보기

（お酒を飲む、会社の前の店）

A : 一緒にお酒を飲みませんか。

B : いいですね、飲みましょう。どこで飲みましょうか。

A : 会社の前の店に行きましょう。

B : はい、そうしましょう。

1) 運動をする、ジム

2) 昼ご飯を食べる、中華レストラン

3) 散歩する、ハンガン公園

4) 買い物をする、近くのデパート

---

단어 そうしましょう 그렇게 합시다　　中華レストラン 중국음식점　　散歩する 산책하다　　買い物する 쇼핑하다

**3** 주어진 말을 사용하여 〈보기〉와 같이 말해 보세요.

**보기**

（昼ご飯を食べる、すし）
A：昼ご飯を食べましたか。
B：いいえ、まだです。
A：一緒に食べませんか。 すしはどうですか。
B：いいですね。

1) レポートを書く、今日

2) コーヒーを飲む、カフェラテ

3) 田中さんのプレゼントを買う、かばん

4) 掃除をする、明日

単어 - 昼ご飯 점심 밥　 レポート 레포트　 書く 쓰다　 カフェラテ 카페라떼　 プレゼント 선물
掃除をする 청소를 하다　 明日 내일

**1** 문제를 듣고 빈칸을 받아써 보세요.　　　　　　　　　　　　　　　　Track 40

1) 週末(しゅうまつ)は ＿＿＿＿＿＿＿＿＿＿＿＿＿＿＿＿＿＿＿＿＿。

2) 昨日(きのう)は ＿＿＿＿＿＿＿＿＿＿＿＿＿＿＿＿＿＿＿＿＿。

3) 一緒(いっしょ)に ＿＿＿＿＿＿＿＿＿＿＿＿＿＿＿＿＿＿＿。

4) ＿＿＿＿＿＿＿＿＿＿ ゆっくり ＿＿＿＿＿＿＿＿＿＿＿＿＿＿。


**2** 문제를 듣고 남자의 질문에 여자가 행동을 했으면 O, 안 했으면 X표 하세요.

　　　　　　　　　　　　　　　　　　　　　　　　　　　　Track 41

1) ＿＿＿＿　　2) ＿＿＿＿　　3) ＿＿＿＿　　4) ＿＿＿＿　　5) ＿＿＿＿


단어 ゆっくり 천천히

다음 우리말을 일본어로 써 보세요.

1 주말에 무엇을 했습니까?

___________________________________________________ 。

2 어제는 친구와 놀았습니다.

___________________________________________________ 。

3 토요일은 회사에 가지 않았습니다.

___________________________________________________ 。

4 같이(함께) 점심 먹지 않겠습니까?

___________________________________________________ 。

5 같이 영화 봅시다.

___________________________________________________ 。

● 1그룹 동사

| 開く | 열리다 | 終わる | 끝나다 |
|---|---|---|---|
| 洗う | 씻다 | 通う | (학교, 회사에) 다니다 |
| 歩く | 걷다 | 着く | 도착하다 |
| 動く | 움직이다 | 手伝う | 돕다 |
| 歌う | 노래 부르다 | 通る | 지나가다, 통하다 |
| 打つ | 치다 | 飛ぶ | 날다 |
| 売る | 팔다 | 取る | 잡다 |
| 押す | 누르다 | 返す | 돌려주다 |
| 貸す | 빌려주다 | 住む | 살다 |
| 書く | 쓰다 | 泊まる | 묵다 |
| 吸う | (담배를) 피우다 | 咲く | (꽃이) 피다 |
| 座る | 앉다 | 休む | 쉬다 |
| 立つ | 서다 | 太る | 살찌다 |
| 作る | 만들다 | 習う | 배우다 |
| 送る | 보내다 | 勝つ | 이기다 |
| 変わる | 변하다 | 困る | 곤란하다 |
| 合う | 맞다 | 誘う | 권유하다 |
| 当たる | 맞다, 적중되다 | 違う | 다르다 |
| 急ぐ | 서두르다 | 運ぶ | 운반하다 |
| 呼ぶ | 부르다 | 拾う | 줍다 |

66

知<ruby>し</ruby>らぬが<ruby>ほとけ</ruby>仏

모르는 게 약이다

# 映画を見に行きたいです。

영화 보러 가고 싶습니다.

**학습할 내용**

❶ **~に行く / 来る** ～하러 가다/오다

❷ **동사의 '늘ます형'+たい** ～하고 싶다

❸ **동사의 '늘ます형'+ながら** ～하면서

❹ **동사의 '늘ます형'+やすい/にくい**

～하기 쉽다·좋다 /어렵다·불편하다

≫ 박(시우) 씨와 다나카 씨가 연휴에 하고 싶은 일을 이야기합니다. 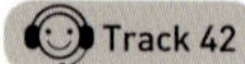 Track 42

田中　そろそろゴールデンウィークですね。

パク　そうですね。長い連休ですから楽しみです。

田中　パクさんは何がしたいですか。

パク　したいことはたくさんありますが、まず映画を見に行きたいです。

田中　映画ですか。パクさんは映画が好きですか。

パク　はい。韓国ではポップコーンを食べながらよく映画を見ました。

田中　そうですか。

パク　田中さんは何がしたいですか。

田中　私はゆっくり休みたいです。それから買い物もしたいです。

パク　じゃあ、私と一緒に映画を見に行きませんか。

　　　それからショッピングもしましょう。

田中　あ、それいいですね。一緒に行きましょう。

---

**단어**

ゴールデンウィーク 황금연휴　　連休 연휴　　ポップコーン 팝콘　　ショッピング 쇼핑

**해석**

**다나카**　　이제 곧 골든 위크네요.

**박(시우)**　그렇군요. 긴 연휴여서 기대돼요.

**다나카**　　박(시우) 씨는 뭐하고 싶으세요?

**박(시우)**　하고 싶은 일은 많이 있지만, 먼저 영화를 보러 가고 싶습니다.

**다나카**　　영화요? 박(시우) 씨는 영화를 좋아하세요?

**박(시우)**　네. 한국에서는 팝콘을 먹으면서 자주 영화를 봤습니다.

**다나카**　　그래요.

**박(시우)**　다나카 씨는 무엇을 하고 싶으세요?

**다나카**　　저는 푹 쉬고 싶네요. 그리고 나서 쇼핑도 하고 싶어요.

**박(시우)**　그럼 저랑 같이 영화 보러 가지 않으실래요? 그리고 쇼핑도 해요.

**다나카**　　아, 그거 좋은 생각이네요. 같이 가요.

## 1. ~に 行く / 来る

~하러 가다/오다

동사의 'ます형'이나 동작의 성질을 지닌 명사(취미 또는 스포츠명 등)에 「~に」를 붙이면 '~하러'라는 목적을 나타내는 표현이 됩니다. 「~に」 뒤에는 이동을 나타내는 「行く」, 「来る」 등이 옵니다.

映画を見に行きます。 영화를 보러 갑니다.

コーヒーを飲みに来ました。 커피를 마시러 왔습니다.

週末、買い物に行きませんか。 주말에 쇼핑하러 가지 않겠습니까?

友だちと旅行に行きます。 친구와 여행 갑니다.

## 2. 동사의 'ます형' + たい

~ 하고 싶다

동사의 'ます형'에 「たい」를 붙이면 '~하고 싶다'라는 희망을 나타내는 표현이 됩니다. 「たい」도 「い」로 끝나므로 い형용사 활용을 합니다. 「たい」 앞에는 '~을/를'에 해당하는 목적격 조사로 「が」나 「を」를 모두 사용하는데, 「が」를 쓰면 대상을 조금 더 강조하는 표현이 됩니다.

少し休みたいです。 조금 쉬고 싶습니다.

新しいケータイを買いたいです。 새 핸드폰을 사고 싶습니다.

今日は早く帰りたくないです。 오늘은 일찍 돌아가고 싶지 않습니다.

* 원하는 것이 동사가 아닌 명사일 때, 즉 '~을 원한다, 갖고 싶다'라고 말할 때는, '명사 + がほしい'를 씁니다. 이때 '~을'에 해당하는 조사는 「を」가 아니라 「が」가 된다는 점을 꼭 기억하세요. 「ほしい」도 「い」로 끝났으므로 い형용사 활용을 합니다.

新しいケータイがほしいです。 새 핸드폰이 갖고 싶습니다.

休みがほしいです。 휴가가 필요합니다.

<hr>

（단어）- 買い物 쇼핑   早く 일찍, 빨리   休み 휴가, 휴식

## 3. 동사의 '마스형' + ながら ~ 하면서

두 개의 동작이 동시에 일어날 때는 동사의 '마스형'에 「ながら」를 붙입니다.

音楽を聞きながらコーヒーを飲みます。 음악을 들으면서 커피를 마십니다.

おしゃべりをしながらお弁当を食べます。 얘기를 하면서 도시락을 먹습니다.

歌を歌いながら掃除をします。 노래를 부르면서 청소를 합니다.


## 4. 동사의 '마스형' + やすい / にくい ~하기 쉽다·좋다/어렵다·불편하다

동사의 '마스형'에 「やすい」나 「にくい」를 붙이면 '~하기 쉽다·좋다', '~ 하기 어렵다·불편하다'의 의미가 됩니다. 「やすい」와 「にくい」는 히라가나로 씁니다.

このケータイは使いやすいです。 이 핸드폰은 사용하기 쉽습니다(편리합니다).

字が大きくて読みやすいです。 글자가 커서 읽기 편합니다.

生ものは食べにくいです。 날것은 먹기 힘듭니다.

字が小さくて読みにくいです。 글씨가 작아서 읽기 불편합니다.


단어 ─ 音楽 음악　おしゃべりをする 수다 떨다. 얘기하다　歌 노래　歌う 노래 부르다　使う 사용하다　字 글씨

**1** 주어진 말을 사용하여 〈보기〉와 같이 말해 보세요.

보기

(大変だ、ゆっくり休む)
A：今、何がしたいですか。
B：大変だからゆっくり休みたいです。

1) (眠い、コーヒーを飲む)
A：今、何がしたいですか。

B：＿＿＿＿＿＿＿＿＿＿＿＿＿＿＿＿＿＿＿。

2) (新しいバッグがほしい、買い物をする)
A：今、何がしたいですか。

B：＿＿＿＿＿＿＿＿＿＿＿＿＿＿＿＿＿＿＿。

3) (暇だ、映画を見る)
A：今、何がしたいですか。

B：＿＿＿＿＿＿＿＿＿＿＿＿＿＿＿＿＿＿＿。

4) (お金がほしい、アルバイトをする)
A：今、何がしたいですか。

B：＿＿＿＿＿＿＿＿＿＿＿＿＿＿＿＿＿＿＿。

단어 — 眠い 졸리다　バッグ 백(bag)　お金 돈　アルバイト 아르바이트

## 2 주어진 말을 사용하여 〈보기〉와 같이 말해 보세요.

**보기**

（音楽を聞く、掃除をする）

A : 昨日何をしましたか。

B : 音楽を聞きながら掃除をしました。

1）

（コーヒーを飲む、おしゃべりをする）

A : 昨日何をしましたか。

B : ＿＿＿＿＿＿＿＿＿＿＿＿＿＿＿＿＿＿。

2）

（テレビを見る、ご飯を食べる）

A : 昨日何をしましたか。

B : ＿＿＿＿＿＿＿＿＿＿＿＿＿＿＿＿＿＿。

3）

（ドライブする、音楽を聞く）

A : 昨日何をしましたか。

B : ＿＿＿＿＿＿＿＿＿＿＿＿＿＿＿＿＿＿。

4）

（電話をする、犬と散歩する）

A : 昨日何をしましたか。

B : ＿＿＿＿＿＿＿＿＿＿＿＿＿＿＿＿＿＿。

**단어** ― おしゃべりをする 수다떨다, 얘기하다　　ドライブする 드라이브하다　　電話をする 전화하다

3 주어진 말을 사용하여 〈보기〉와 같이 말해 보세요.

보기

(このケータイ、大きい・使う)

A：このケータイはどうですか。

B：大きくて使いやすいです。


1) (この本、字が小さい・読む)

A： ＿＿＿＿＿＿＿＿＿＿ はどうですか。

B： ＿＿＿＿＿＿＿＿＿＿＿＿＿＿＿＿＿ 。


2) (このハンバーガー、大きい・食べる)

A： ＿＿＿＿＿＿＿＿＿＿ はどうですか。

B： ＿＿＿＿＿＿＿＿＿＿＿＿＿＿＿＿＿ 。


3) (このお酒、甘い・飲む)

A： ＿＿＿＿＿＿＿＿＿＿ はどうですか。

B： ＿＿＿＿＿＿＿＿＿＿＿＿＿＿＿＿＿ 。


4) (このパソコン、簡単だ・使う)

A： ＿＿＿＿＿＿＿＿＿＿ はどうですか。

B： ＿＿＿＿＿＿＿＿＿＿＿＿＿＿＿＿＿ 。

**4** 주어진 말을 사용하여 〈보기〉와 같이 말해 보세요.

보기

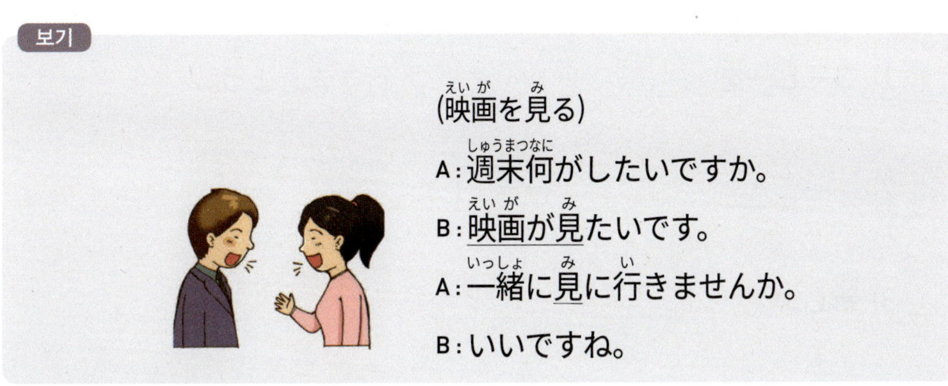



1) お酒を飲む

2) 散歩する

3) 買い物をする

4) 旅行に行く

단어 ├ 旅行に行く 여행가다

**1** 문제를 듣고 빈칸을 받아써 보세요.　　　　　　　Track 43

1) コーヒーを ＿＿＿＿＿＿＿＿＿＿＿ 行きましょう。

2) ＿＿＿＿＿＿＿＿＿＿＿行きました。

3) 新しい ＿＿＿＿＿＿＿＿＿＿＿＿＿＿＿＿＿＿＿。

4) ＿＿＿＿＿＿＿＿＿＿＿＿＿＿＿＿＿＿＿＿＿＿＿。

**2** 문제를 듣고 내용에 맞는 그림을 골라 보세요.　　　　Track 44

1) ＿＿＿＿＿　　2) ＿＿＿＿＿　　3) ＿＿＿＿＿　　4) ＿＿＿＿＿

① ② ③ ④

**다음 우리말을 일본어로 써 보세요.**

**1**  이 요리는 만들기 쉽습니다.

___________________________________________________。

**2**  이 신문은 글씨가 작아서 읽기 불편합니다.

_________________________________________________________。

**3**  햄버거는 먹기 좋습니다.

_________________________________________________________。

**4**  이 책은 어려워서 이해하기 힘듭니다. (理解する : 이해하다)

_________________________________________________________。

**5**  술은 어떻습니까? 써서 마시기 힘듭니다.

_________________________________________________________。

● **2그룹 동사**

| | | | |
|---|---|---|---|
| 捨てる | 버리다 | 落ちる | 떨어지다 |
| 出かける | 외출하다 | 答える | 대답하다 |
| 覚える | 외우다, 기억하다 | 出る | 나가다, 나오다 |
| 教える | 가르치다 | 遅れる | 늦다 |
| 壊れる | 부서지다, 망가지다 | 疲れる | 피곤하다 |
| 着る | 입다 | 慣れる | 익숙하다 |
| 借りる | 빌리다 | 忘れる | 잊다 |
| 調べる | 조사하다 | 始める | 시작하다 |
| 伝える | 전하다 | 見える | 보이다 |
| 入れる | 넣다 | 聞こえる | 들리다 |

● **한자어 + する**

| | | | |
|---|---|---|---|
| 勉強する | 공부하다 | 案内する | 안내하다 |
| 運動する | 운동하다 | 注文する | 주문하다 |
| 散歩する | 산책하다 | 相談する | 상담하다 |
| 結婚する | 결혼하다 | 掃除する | 청소하다 |
| 運転する | 운전하다 | 練習する | 연습하다 |
| 生活する | 생활하다 | 連絡する | 연락하다 |
| 報告する | 보고하다 | 旅行する | 여행하다 |
| 洗濯する | 세탁하다 | 参加する | 참가하다 |
| 約束する | 약속하다 | 遠慮する | 사양하다, 삼가다 |
| 質問する | 질문하다 | 食事する | 식사하다 |

# どうやって行<sup>い</sup>きますか。

어떻게 갑니까?

≫ 박(시우) 씨가 다나카 씨의 부탁으로 우체국에 갑니다.

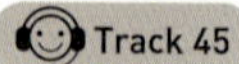


田中　パクさん、今忙しいですか。

パク　いいえ、どうしてですか。

田中　郵便局に行ってこの書類を送ってください。

パク　はい、わかりました。

田中　お願いします。

---

パク　すみません、郵便局に行きたいですが、どうやって行きますか。

通行人　郵便局ですか。郵便局は銀行の前にありますが…。

パク　銀行の前ですか。じゃあ、銀行はどうやって行きますか。

通行人　この信号を渡って、まっすぐ行ってください。

パク　そうですか。ありがとうございます。

---

**단어**

郵便局 우체국　　書類 서류　　送る 보내다　　わかりました 알겠습니다　　どうやって 어떻게　　信号 신호　　渡る 건너다

まっすぐ 곧장, 바로

다나카　　박(시우) 씨, 지금 바빠요?

박(시우)　아니요. 무슨 일이세요?

다나카　　우체국에 가서 이 서류 좀 보내주세요.

박(시우)　네, 알겠습니다.

다나카　　부탁드려요.

---

박(시우)　실례합니다. 우체국에 가고 싶은데 어떻게 갑니까?

행인　　　우체국이요? 우체국은 은행 앞에 있습니다만...

박(시우)　은행 앞이요? 그럼 은행은 어떻게 갑니까?

행인　　　이 신호를 건너서 곧바로 가세요.

박(시우)　그렇습니까. 감사합니다.

## 1. 동사의 'て형'

동사에 「て」를 붙이면, '~하고', '~해서'라는 의미가 됩니다. '~하고'는 동작을 나열할 때, '~해서'는 원인, 이유 등을 나타낼 때 사용합니다. 「て」를 붙이는 방법은 동사의 종류별로 다음과 같습니다.

| | |
|---|---|
| 1그룹 동사 | **① 어미가 「う、つ、る」로 끝나는 동사 :**<br><br>어미 「う、つ、る」를 지우고 「って」를 붙인다.<br><br>洗う 씻다 → 洗って　　　　待つ 기다리다 → 待って<br>乗る 타다 → 乗って<br><br>**② 어미가 「ぬ、む、ぶ」로 끝나는 동사 :**<br><br>어미 「ぬ、む、ぶ」를 지우고 「んで」를 붙인다.<br><br>死ぬ 죽다 → 死んで　　　　読む 읽다 → 読んで<br>遊ぶ 놀다 → 遊んで<br><br>**③ 어미가 「く」로 끝나는 동사 :**<br><br>어미 「く」를 지우고 「いて」를 붙인다.<br><br>磨く 닦다 → 磨いて<br>※ 예외 行く 가다 → 行って<br><br>**④ 어미가 「ぐ」로 끝나는 동사 :**<br><br>어미 「ぐ」를 지우고 「いで」를 붙인다.<br><br>泳ぐ 수영하다 → 泳いで<br><br>**⑤ 어미가 「す」로 끝나는 동사:**<br><br>어미 「す」를 지우고 「して」를 붙인다.<br><br>話す 말하다 → 話して |
| 2그룹 동사 | 어미 「る」를 지우고 「て」를 붙인다.<br>覚える 기억하다 → 覚えて<br>着る 입다 → 着て<br>食べる 먹다 → 食べて |
| 3그룹 동사 | 불규칙<br>来る 오다 → 来て<br>する 하다 → して |

## 2. ~て~ます。



右に曲がってまっすぐ行きます。 오른쪽으로 돌아서 곧장 갑니다.

コーヒーを飲んで勉強します。 커피를 마시고 공부했습니다.

* 동작을 나열할 때, '그리고 나서'라는 뜻의 접속사「それから」를 사용할 수도 있습니다.

朝起きて顔を洗います。それからご飯を食べます。

아침에 일어나서 세수를 합니다. 그리고 나서 밥을 먹습니다.


## 3. ~てください。



동사의 'て형'에「ください」를 붙이면 '~ 해 주세요'라는 의미가 됩니다.

ここに名前を書いてください。 여기에 이름을 써 주세요.

今日はゆっくり休んでください。 오늘은 푹 쉬어 주세요.

まっすぐ行って左に曲がってください。 곧장 가서 왼쪽으로 돌아 주세요.


단어 右に曲がる 오른쪽으로 돌다　　まっすぐ 곧장　　名前 이름　　左に曲がる 왼쪽으로 돌다

**1** 주어진 말을 사용하여 〈보기〉와 같이 답해 보세요.

보기

(シャワーを浴びる、歯を磨く)

A：朝起きて何をしますか。

B₁：シャワーを浴びます。それから 歯を磨きます。

B₂：シャワーを浴びて歯を磨きます。

1) (服を着る、化粧をする)

A ：朝起きて何をしますか。

B₁ : ＿＿＿＿＿＿＿＿＿＿＿＿。 それから ＿＿＿＿＿＿＿＿＿＿＿＿。

B₂ : ＿＿＿＿＿＿＿＿＿＿＿＿＿＿＿＿＿＿＿＿＿＿＿＿＿。

2) (顔を洗う、ご飯を食べる)

A ：朝起きて何をしますか。

B₁ : ＿＿＿＿＿＿＿＿＿＿＿＿。 それから ＿＿＿＿＿＿＿＿＿＿＿＿。

B₂ : ＿＿＿＿＿＿＿＿＿＿＿＿＿＿＿＿＿＿＿＿＿＿＿＿＿。

3) (コーヒーを飲む、新聞を読む)

A ：朝起きて何をしますか。

B₁ : ＿＿＿＿＿＿＿＿＿＿＿＿。 それから ＿＿＿＿＿＿＿＿＿＿＿＿。

B₂ : ＿＿＿＿＿＿＿＿＿＿＿＿＿＿＿＿＿＿＿＿＿＿＿＿＿。

단어 ─ シャワーを浴びる 샤워를 하다　化粧 화장

**2** 주어진 말을 사용하여 〈보기〉와 같이 말해 보세요.

보기

(風邪、ゆっくり休む)
A：風邪ですからゆっくり休んでください。
B：はい、わかりました。

1) (忙しい、急ぐ)

A：＿＿＿＿＿＿＿＿＿＿＿＿＿＿＿＿＿＿＿＿＿＿＿＿＿＿＿＿。

B：はい、わかりました。

2) (うるさい、静かにする)

A：＿＿＿＿＿＿＿＿＿＿＿＿＿＿＿＿＿＿＿＿＿＿＿＿＿＿＿＿。

B：はい、わかりました。

3) (汚い、掃除をする)

A：＿＿＿＿＿＿＿＿＿＿＿＿＿＿＿＿＿＿＿＿＿＿＿＿＿＿＿＿。

B：はい、わかりました。

4) (速い、ゆっくり話す)

A：＿＿＿＿＿＿＿＿＿＿＿＿＿＿＿＿＿＿＿＿＿＿＿＿＿＿＿＿。

B：はい、わかりました。

## 3 주어진 말을 사용하여 〈보기〉와 같이 말해 보세요.

보기

(右にまがる、行く)

A : どうやって行きますか。

B : 右にまがって行ってください。

1) (左にまがる、まっすぐ行く)

A : どうやって行きますか。

B : ________________________。

2) (道を渡る、左にまがる)

A : どうやって行きますか。

B : ________________________。

3) (まっすぐ行く、右にまがる)

A : どうやって行きますか。

B : ________________________。

4) (コンビニを右にまがる、10分ぐらい行く)

A : どうやって行きますか。

B : ________________________。

## 4 그림을 보고 남자의 하루 일과를 말해 보세요.

**1** 문제를 듣고 빈칸을 받아써 보세요.　Track 46

1) ＿＿＿＿＿＿＿＿＿＿＿＿＿＿＿ ください。

2) ここに名前を＿＿＿＿＿＿＿＿＿＿＿。

3) ＿＿＿＿＿＿＿＿＿＿＿＿＿歯を磨きます。

4) ＿＿＿＿＿＿＿＿＿＿＿＿＿何をしますか。

**2** 문제를 듣고 말하는 사람이 한 행동을 순서대로 골라 보세요.　Track 47

1) ＿＿＿＿＿＿　　2) ＿＿＿＿＿＿　　3) ＿＿＿＿＿＿

① ② ③

④ ⑤ ⑥

다음 우리말을 일본어로 써 보세요.

1 아침을 먹고 회사에 갑니다.

　　　。

2 샤워를 하고 책을 읽습니다. (シャワ-を浴びる: 샤워하다)

　　　。

3 친구를 만나서 놀았습니다.

　　　。

4 매일 단어를 외우세요. (単語 단어)

　　　。

5 오른쪽으로 돌아서 곧장 가 주세요.

　　　。

● 요리 동사

切る
자르다

刻む
잘게 다지다

煮る
조리다

茹でる
삶다

炒める
볶다

焼く
굽다

蒸す
찌다

揚げる
튀기다

混ぜる
섞다

沸かす
물을 끓이다

冷やす
차게 하다

温める(チンする)
데우다

ななめに切ってください。 어슷하게 썰어(잘라) 주세요.

刻んでください。 잘게 썰어 주세요.

1時間ほど茹でてください。 1시간 정도 삶아 주세요.

弱火で煮てください。 약한 불로 조려 주세요.

よくまぜてください。 잘 섞어 주세요.

お湯を沸かしてください。 물을 끓여 주세요.

温めて(チンして)ください。 데워 주세요.

(チンする : 전자레인지로 데울 때 다 데워지면 칭(チン) 하는 소리가 나서 '데우다' 를 チンする라고도 합니다.)

# 正答
せいとう

# 정|답

**정답 범위**

③ ～ ⑮ 과

말하기 연습, 듣기 연습, 쓰기 연습

## 第03課

### お仕事は何ですか。
しごと　なん



## 1

1) B₁ : はい、会社員です。
　　　　　かいしゃいん
　　B₂ : いいえ、会社員ではありません。
　　　　　　　　かいしゃいん
2) B₁ : はい、韓国人です。
　　　　　かんこくじん
　　B₂ : いいえ、韓国人ではありません。
　　　　　　　　かんこくじん
3) B₁ : はい、アメリカ人です。
　　　　　　　　　じん
　　B₂ : いいえ、アメリカ人ではありません。
　　　　　　　　　　　じん
4) B₁ : はい、友だちです。
　　　　　とも
　　B₂ : いいえ、友だちではありません。
　　　　　　　　とも

## 2

1) いいえ、大学生じゃありません。
　　　　　だいがくせい
　高校生です。
　こうこうせい
2) いいえ、先輩じゃありません。
　　　　　せんぱい
　友だちです。
　とも
3) いいえ、後輩じゃありません。
　　　　　こうはい
　彼氏です。
　かれし
4) いいえ、イギリス人じゃありません。
　　　　　　　　じん
　フランス人です。
　　　　　じん

## 3

1) いいえ、彼は中国人じゃありません。
　　　　　かれ　ちゅうごくじん
　銀行員です。
　ぎんこういん
2) いいえ、彼女はデザイナーじゃありま
　　　　　かのじょ
　せん。モデルです。
3) はい、佐藤さんもエンジニアです。
　　　　　さとう
4) はい、鈴木さんも先生です。
　　　　　すずき　　　せんせい



## 1

1) わたしは 大学生 です。
　　　　　　だいがくせい
2) 田中さんは 会社員 ですか。
　たなか　　　かいしゃいん
3) キムさんは 銀行員 ではありません。
　　　　　　　ぎんこういん
4) 私も韓国人です。
　わたし　かんこくじん

## 2

1) ①　　　2) ④　　　3) ②　　　4) ③

1) 私は学生です。日本人です。
　わたし　がくせい　　　にほんじん
　나는 학생입니다. 일본인입니다.
2) 私は医者です。中国人です。
　わたし　いしゃ　　　ちゅうごくじん
　나는 의사입니다. 중국인입니다.
3) 私は野球選手です。アメリカ人です。
　わたし　やきゅうせんしゅ　　　　　じん
　나는 야구선수입니다. 미국인입니다.
4) 私は会社員です。カナダ人です。
　わたし　かいしゃいん　　　　　じん
　나는 회사원입니다. 캐나다인입니다.



1. あなたは会社員ですか。
　　　　　かいしゃいん
2. 鈴木さんは先輩ですか。
　すずき　　　せんぱい
3. 彼は医者ですか。銀行員ですか。
　かれ　いしゃ　　　ぎんこういん
4. 私はアメリカ人じゃありません。
　わたし　　　　　じん
　イギリス人です。
　　　　　じん
5. 彼女も中国人ですか。
　かのじょ　ちゅうごくじん

## それは<ruby>何<rt>なん</rt></ruby>ですか。

### 말하기 연습

**1**

1) B₁：はい、（それは）<ruby>本<rt>ほん</rt></ruby>です。
   B₂：いいえ、（それは）<ruby>本<rt>ほん</rt></ruby>じゃありません。
2) B₁：はい、（それは）<ruby>時計<rt>と けい</rt></ruby>です。
   B₂：いいえ、（それは）<ruby>時計<rt>と けい</rt></ruby>じゃありません。
3) B₁：はい、（これは）かさです。
   B₂：いいえ、（これは）かさじゃありません。
4) B₁：はい、（あれは）<ruby>新聞<rt>しんぶん</rt></ruby>です。
   B₂：いいえ、（あれは）<ruby>新聞<rt>しんぶん</rt></ruby>じゃありません。

**2**

1) いいえ、<ruby>会社<rt>かいしゃ</rt></ruby>じゃありません。<ruby>銀行<rt>ぎんこう</rt></ruby>です。
2) いいえ、<ruby>大学<rt>だいがく</rt></ruby>じゃありません。<ruby>病院<rt>びょういん</rt></ruby>です。
3) いいえ、パン<ruby>屋<rt>や</rt></ruby>じゃありません。
   <ruby>花屋<rt>はなや</rt></ruby>です。
4) いいえ、<ruby>中国<rt>ちゅうごく</rt></ruby>じゃありません。
   <ruby>日本<rt>に ほん</rt></ruby>です。

**3**

1) いいえ、<ruby>私<rt>わたし</rt></ruby>のケータイ じゃありません。<ruby>佐藤<rt>さ とう</rt></ruby>さんのです。
2) いいえ、パクさんのかさじゃありません。キムさんのです。
3) いいえ、チェさんのめがねじゃありません。<ruby>優子<rt>ゆうこ</rt></ruby>さんのです。
4) いいえ、<ruby>鈴木<rt>すず き</rt></ruby>さんの<ruby>自転車<rt>じてんしゃ</rt></ruby>じゃありません。<ruby>私<rt>わたし</rt></ruby>のです。

**4**

1) <ruby>何<rt>なん</rt></ruby>　2) だれ　3) どこ　4) どれ

### 듣기 연습

**1**

1) このかさは わたしの です。
2) デパートは どこ ですか。
3) これは だれの <ruby>本<rt>ほん</rt></ruby>ですか。
4) ここは <ruby>会社<rt>かいしゃ</rt></ruby>じゃありません。

**2**

1) ③　2) ②　3) ①　4) ④

1) A：これは<ruby>何<rt>なん</rt></ruby>ですか。 이것은 무엇입니까?
   B：<ruby>田中<rt>た なか</rt></ruby>さんのかばんです。
   다나카 씨의 가방입니다.
2) A：これは<ruby>誰<rt>だれ</rt></ruby>のですか。 이것은 누구의 것입니까?
   B：あゆみさんの<ruby>牛乳<rt>ぎゅうにゅう</rt></ruby>です。
   아유미 씨의 우유입니다.
3) A：<ruby>吉田<rt>よし だ</rt></ruby>さんのは何ですか。
   요시다 씨의 것은 무엇입니까?
   B：とけいです。 시계입니다.
4) A：かさは<ruby>誰<rt>だれ</rt></ruby>のですか。 우산은 누구의 것입니까?
   B：<ruby>鈴木<rt>すず き</rt></ruby>さんのです。 스즈키 씨의 것입니다.

### 쓰기 연습

1. このかさは<ruby>私<rt>わたし</rt></ruby>のかさじゃありません。
2. ここは<ruby>学校<rt>がっこう</rt></ruby>です。
3. これは<ruby>何<rt>なん</rt></ruby>ですか。<ruby>時計<rt>と けい</rt></ruby>です。
4. <ruby>山田<rt>やま だ</rt></ruby>さんの<ruby>本<rt>ほん</rt></ruby>ですか。
   いいえ、<ruby>田中<rt>た なか</rt></ruby>さんのです。
5. このコーヒーは<ruby>誰<rt>だれ</rt></ruby>のコーヒーですか。

## 第05課
### 映画は何時からですか。
（えいが　なんじ）

**말하기 연습**

### 1

1) ぜろいちぜろの　さんさんきゅうぜろ
　の　いちにさんよん

2) ぜろいちぜろの　ごよんにいちの
　はちきゅうきゅうなな

3) ぜろいちぜろの　ろくはちぜろきゅう
　の　よんよんごご

4) ぜろいちぜろの　ごきゅうはちぜろの
　にいちよんなな

5) ぜろいちぜろの　ろくはちはちぜろの
　きゅうはちななぜろ

6) ぜろいちぜろの　さんさんになななの
　ななごろくよん

### 2

1) よじ　です。

2) しちじ　です。

3) くじ　さんじゅっぷん／
　くじ　はん　です。

4) じゅういちじ　じゅうごふん　です。

5) ごじ　にじゅっぷん　です。

6) さんじ　よんじゅうろっぷん　です。

### 3

1) 午前9時から午後4時までです。

2) 午後2時半から4時半までです。

3) 午前8時から午後5時半までです。

4) 午前11時50分から午後12時50分まで
です。

5) 午後1時から9時までです。

**듣기 연습**

### 1

1) バイトは9時から5時までです。

2) ケータイの番号は
010－5678－9087です。
（ぜろいちぜろ　の　ごろくななはち　の　きゅうぜろはちなな）

3) 銀行は9時から午後4時までです。

4) 今何時ですか。

### 2

1) ①　　2) ②　　3) ①　　4) ②

1) A：仕事は何時から何時までですか。
일은 몇 시부터 몇 시까지입니까?
B：9時から6時までです。
9시부터 6시까지입니다.

2) A：デパートは何時までですか。
백화점은 몇 시까지입니까?
B：10時半から8時半までです。
10시 반부터 8시 반까지입니다.

3) A：スーパーは何時からですか。
슈퍼마켓은 몇 시부터입니까?
B：午前6時から夜10時までです。
오전 6시부터 밤 10시까지입니다.

4) A：キムさんのケータイの番号は何番です
か。김 씨의 핸드폰 번호는 몇 번입니까?
B：(010－3394－8563)
ぜろいちぜろ－さんさんきゅうよん－
はちごろくさん。

1. 授業は何時から何時までですか。
2. 昼休みは12時からです。
3. 会議は3時から5時30分までです。
4. 銀行は午前9時から午後4時までです。
5. テストは6時30分から7時15分までです。

# 第06課

## 今日はいい天気ですね。



### 1

1) B1：はい、甘いです。
　　B2：いいえ、甘くないです(甘くありません)。
2) B1：はい、暖かいです。
　　B2：いいえ、暖かくないです
　　　　(暖かくありません)。
3) B1：はい、いいです。
　　B2：いいえ、よくないです
　　　　(よくありません)。
4) B1：はい、かわいいです。
　　B2：いいえ、かわいくないです
　　　　(かわいくありません)。

### 2

1) いいえ、明るくないです。暗いです。
2) いいえ、新しくないです。古いです。
3) いいえ、大きくないです。小さいです。
4) いいえ、少なくないです。多いです。

### 3

1) 怖い映画です。
2) 辛い料理です。
3) かっこいい人です。
4) 高い山です。

### 4

1) かっこよくてやさしいです。
2) いいですが(けど)、うるさいです。
3) 難しくておもしろくないです。
4) 人が多いですが(けど)、おもしろいです。



### 1

1) 彼はおもしろくてやさしいです。
2) この料理は辛いですが、おいしいです。
3) 仕事はどうですか。
4) 冬は寒いです。

### 2

1) ①　　2) ④　　3) ③　　4) ②

1) A：これは何ですか。이것은 무엇입니까?
　　B：おいしいですが辛いです。
　　　　맛있습니다만, 맵습니다.
2) A：これは何ですか。이것은 무엇입니까?
　　B：速くて人が多いです。빠르고 사람이 많습니다.
3) A：これは何ですか。이것은 무엇입니까?
　　B：甘くておいしいです。달고 맛있습니다.
4) A：これは何ですか。이것은 무엇입니까?
　　B：赤くておいしいです。빨갛고 맛있습니다.

1. 会社は家から近いですか。
2. この時計はとても高いです。
3. 今日は天気がよくないです。
4. 日本語は少し難しいですが、おもしろいです。
5. あそこは安くておいしい店です。

## 第07課
## 好きな料理は何ですか。



## 1

1) B₁：はい、きれいです。
   B₂：いいえ、きれいでは(じゃ)ないです
   (きれいじゃありません)。
2) B₁：はい、親切です。
   B₂：いいえ、親切では(じゃ)ないです
   (親切じゃありません)。
3) B₁：はい、暇です。
   B₂：いいえ、暇では(じゃ)ないです
   (暇じゃありません)。
4) B₁：はい、真面目です。
   B₂：いいえ、真面目では(じゃ)ないです
   (真面目じゃありません)。

## 2

1) いいえ、あまり大変じゃないです。
   楽しいです。

2) いいえ、あまり簡単じゃないです。
   難しいです。
3) いいえ、あまり好きじゃないです。
   嫌いです。
4) いいえ、あまり暇じゃないです。
   忙しいです。

## 3

1) 有名な店です。
2) すてきな車です。
3) 静かな公園です。
4) 元気な子どもです。

## 4

1) すてきですが(けど)、高いです。
2) 便利で速いです。
3) おしゃれでおいしいです。
4) 静かですが(けど)、汚いです。

## 5

1) A：お酒が嫌いですか。
   B：はい、嫌いです。
   A：どうしてですか。
   B：苦くておいしくないからです。
2) A：スポーツが嫌いですか。
   B：はい、嫌いです。
   A：どうしてですか。
   B：下手でおもしろくないからです。
3) A：パクさんが好きですか。
   B：はい、好きです。
   A：どうしてですか。

B：背が高くてハンサムだからです。

4) A：果物が好きですか。

B：はい、好きです。

A：どうしてですか。

B：体によくておいしいからです。



## 1

1) キムさんは真面目で親切です。

2) ここは静かでいいです。

3) この部屋はきれいで明るいです。

4) 地下鉄は速くて便利です。

## 2

1) ①　　2) ②　　3) ①　　4) ②

1) A：いつがいいですか。언제가 좋습니까?
B：冬は寒いですから夏がいいです。
겨울은 춥기 때문에 여름이 좋습니다.

2) A：何が便利ですか。무엇이 편리합니까?
B：地下鉄は速いですが、人が多いです。
バスが速くて便利です。
지하철은 빠르지만, 사람이 많습니다. 버스는 빠르고
편리합니다.

3) A：どちらが簡単ですか。
어느 쪽이 간단합니까?
B：中国語は漢字が多いですから、英語が
簡単です。
중국어는 한자가 많기 때문에 영어가 간단합니다.

4) A：誰が好きですか。누가 좋습니까?
B：私はおもしろい人が好きです。キムさ
んよりパクさんがおもしろいです。
저는 재미있는 사람이 좋습니다. 김 씨보다 박 씨가
재미있습니다.



1. 日本語の先生はきれいで親切です。
2. 彼はとても真面目です。
3. 彼女は英語がとても上手です。
4. 甘いものはあまり好きじゃないですが、
ケーキは好きです。
5. このパソコンは小さくて便利ですが、
速くないです。

# 第08課

# いくらですか。



## 1

1) せんはっぴゃくろくじゅうえんです。

2) きゅうひゃくはちじゅうえんです。

3) ななひゃくろくじゅうえんです。

4) せんよんひゃくきゅうじゅうえんです。

## 2

1) 5本　　2) 9枚
3) 3本　　4) 6本
5) 6冊　　6) 10階
7) 1人　　8) 10枚

## 3

1) 店員：いらっしゃいませ。
何名様ですか。

お客：2人（ふたり）です。（きゃく）

あの、すみません。

ドーナツはいくらですか。

店員：130円です。（ひゃくさんじゅう）

お客：アイスティーはいくらですか。

店員：150円です。（ひゃくごじゅう）

お客：ドーナツふたつとアイスティー
ふたつお願（ねが）いします。

店員：全部（ぜんぶ）で560円（ごひゃくろくじゅう）です。

2) 店員：いらっしゃいませ。
何名様（なんめいさま）ですか。

お客：3人（さんにん）です。

あの、すみません。

ラーメンはいくらですか。

店員：670円（ろっぴゃくななじゅう）です。

お客：ビールはいくらですか。

店員：280円（にひゃくはちじゅう）です。

お客：ラーメンみっつとビールふたつ
お願（ねが）いします。

店員：全部（ぜんぶ）で2,570円（にせんごひゃくななじゅう）です。

3) 店員：いらっしゃいませ。何名様（なんめいさま）ですか。

お客：1人（ひとり）です。

あの、すみません。

ハンバーガーはいくらですか。

店員：380円（さんびゃくはちじゅう）です。

お客：コーラはいくらですか。

店員：170円（ひゃくななじゅう）です。

お客：ハンバーガーひとつとコーラ
ひとつお願（ねが）いします。

店員：全部（ぜんぶ）で550円（ごひゃくごじゅう）です。

4) 店員：いらっしゃいませ。
何名様（なんめいさま）ですか。

お客：2人（ふたり）です。

あの、すみません。

ショートケーキはいくらですか。

店員：450円（よんひゃくごじゅう）です。

お客：オレンジジュースはいくらですか。

店員：290円（にひゃくきゅうじゅう）です。

お客：ショートケーキひとつとオレンジ
ジュースふたつお願（ねが）いします。

店員：全部（ぜんぶ）で1,030円（せんさんじゅう）です。

### 듣기 연습

## 1

1) ケーキふたつとコーヒーひとつください。

2) いくらですか。

3) 12,890円です。（いちまんにせんはっぴゃくきゅうじゅう）

4) りんごふたつとみかんよっつですから、
全部（ぜんぶ）で むっつ です。

## 2

1) ふたつ、ふたつ、よっつ

2) ひとつ、ふたつ、みっつ

3) みっつ、みっつ、むっつ

4) いつつ、ふたつ、ななつ

5) むっつ、みっつ、ここのつ

6) よっつ、みっつ、ななつ

1) りんごふたつとみかんふたつください。
   사과 2개랑 귤 2개 주세요.

2) ケーキひとつとコーヒーふたつください。
   케이크 하나랑 커피 2잔 주세요.

3) スパゲッティみっつとジュースみっつくだ
   さい。스파게티 3개랑 주스 3잔 주세요.

4) おにぎりいつつと水ふたつください。
   삼각김밥 5개랑 물 2병 주세요.

5) ハンバーガー むっつとコーラみっつくだ
   さい。햄버거 6개랑 콜라3잔 주세요.

6) バナナよっつとトマトみっつください。
   바나나 4개랑 토마토 3개 주세요.



1. この赤いかさはいくらですか。
2. 全部で１３，８００円です。
3. この小さいかばんは6,600円です。
4. ケーキとコーヒーひとつずつください。
5. これ11個ください。

## 第09課

## デートはどうでしたか。



**1**

1) B₁：はい、暑かったです。
   B₂：いいえ、暑くなかったです
   （暑くありませんでした）。

2) B₁：はい、楽しかったです。
   B₂：いいえ、楽しくなかったです。

（簡単ではありませんでした）。

3) B₁：はい、甘かったです。
   B₂：いいえ、甘くなかったです
   （甘くありませんでした）。

4) B₁：はい、多かったです。
   B₂：いいえ、多くなかったです
   （多くありませんでした）。

**2**

1) いいえ、便利じゃありませんでした。
   不便でした。

2) いいえ、にぎやかじゃありませんでした。
   静かでした。

3) いいえ、親切じゃありませんでした。
   不親切でした。

4) いいえ、上手じゃありませんでした。
   下手でした。

**3**

1) 真面目な人でした。
2) 怖い映画でした。
3) 丈夫な車でした。
4) すてきな国でした。

**4**

1) 7月 24日です 。
2) 5月5日です 。
3) 4月29日から5月4日までです。
4) 8月10日から8月17日まででした。

## 5

1) マナーがよくてハンサムでした。
2) 暇でしたが(けど)、おもしろかったです。
3) 忙しかったですが(けど)、楽しかったです。
4) 漢字が多くて難しかったです。

* 형용사나 명사를 과거시제로 말할 때, '〜하고, 〜해서'로 연결할 때는 마지막 단어만 과거형으로 바꾸고, '〜지만'으로 연결할 때는, 앞과 뒤를 모두 과거형으로 바꿉니다.

### 듣기 연습

## 1

1) 先週はとても忙しかったです。
2) あの町はにぎやかじゃありませんでした。
3) ケーキはおいしくなかったです。
4) 今日は4月7日です。

## 2

1) ① → ②　2) ④ → ⑦　3) ⑧ → ⑤　4) ⑥ → ③

1) 先週は忙しかったですが、今は暇です。
지난 주는 바빴습니다만, 지금은 한가합니다.

2) 10年前は背が低かったですが、今は背が高いです。 10년 전에는 키가 작았습니다만, 지금은 키가 큽니다.

3) 昼はにぎやかでしたが、今は静かです。
점심에는 번화했습니다만, 지금은 조용합니다.

4) 前はきれいでしたが、今は汚いです。
전에는 깨끗했습니다만, 지금은 더럽습니다.

### 쓰기 연습

1. 先週末は少し寒かったですが(けど)、天気はよかったです。
2. 前は英語が上手じゃなかったです。でも今は上手です。
3. 10年前は背が低かったですが(けど)、今は高いです。
4. 昨日は4月7日水曜日でした。
5. 試験(テスト)は6月3日から6月6日まででした。

第**10**課
さいきんなに　　　いちばん
# 最近何が一番おいしいですか。

### 말하기 연습

## 1

1) 日本語 / 中国語 / 簡単ですか /
中国語より日本語の方が簡単です
2) パン / お菓子 / 好きですか /
パンよりお菓子の方が好きです
3) バス / 地下鉄 / 速いですか /
バスより地下鉄の方が速いです
4) 野球 / サッカー / 上手ですか /
野球よりサッカーの方が上手です

## 2

1) A：みかんとすいかとどちらが好きですか。
B：みかんよりすいかの方が好きです。

A：どうしてですか。

B：甘いものが好きだからです。

2) A：冬と夏とどちらが好きですか。

B：冬より夏の方が好きです。

A：どうしてですか。

B：水泳が好きだからです。

3) A：アイスとホットとどちらが好きですか。

B：アイスよりホットの方が好きです。

A：どうしてですか。

B：ホットがおいしいからです。

4) A：バスと地下鉄とどちらが便利ですか。

B：バスより地下鉄の方が便利です。

A：どうしてですか。

B：駅が近いからです。

## 3

1) 料理 / 何が / おいしいですか /
プルコギが一番おいしいです。

2) クラス / だれが / 背が高いですか /
田中さんが一番高いです。

3) 一週間 / いつが / 忙しいですか /
月曜日が一番忙しいです。

4) 韓国 / どこが / 有名ですか / ソウルが
一番有名です。

## 4

1) A：果物の中で何が一番好きですか。

B：いちごが一番好きです。

A：どうしてですか。

B：甘くておいしいからです。

2) A：スポーツの中で何が一番好きですか。

B：サッカーが一番好きです。

A：どうしてですか。

B：上手だからです。

3) A：クラスの中で誰が一番好きですか。

B：田中さんが一番好きです。

A：どうしてですか。

B：ハンサムでやさしいからです。

4) A：一週間の中でいつが一番好きで
すか。

B：金曜日が一番好きです。

A：どうしてですか。

B：次の日が休みだからです。



## 1

1) 野球とサッカーとどちらが好きですか。

2) おいしいからいちごよりりんごの方が
好きです。

3) 韓国の中でどこが一番有名ですか。

4) 歌手の中で誰が一番好きですか。

## 2

1) ①　　2) ②　　3) ③　　4) ②

1) A：乗り物の中で何が一番速いですか。
탈 것 중에서 무엇이 가장 빠릅니까?

B：飛行機が一番速いです。
비행기가 가장 빠릅니다.

2) A：バナナといちごとどちらが好きですか。
바나나와 딸기 중에서 어느 쪽이 좋습니까?

B：バナナが好きです。 바나나가 좋습니다.

3) A：テニスとスキーとどちらが上手ですか。
テニ스랑 스키랑 어느 쪽을 잘합니까?
B：テニスよりスキーの方が上手です。
테니스보다 스키를 잘합니다.
4) A：色の中で何が一番好きですか。
색 중에서 무엇이 가장 좋습니까?
B：青が一番好きです。파랑이 가장 좋습니다.

**쓰기 연습**

1. サッカーと野球とどちらが上手ですか。
2. 冬より夏の方が嫌いです。
3. 果物の中で何が一番おいしいですか。
4. 歌手の中で誰が一番好きですか。
5. 日本の中で東京が一番にぎやかです。

## 第11課
## この近くにコンビニがありますか。

**말하기 연습**

# 1

1) B₁：はい、机の上にあります。
　 B₂：いいえ、机の上にありません。
2) B₁：はい、スピーカーの間にあります。
　 B₂：いいえ、スピーカーの間にありません。
3) B₁：はい、家の前にいます。
　 B₂：いいえ、家の前にいません。
4) B₁：はい、テーブルの下にいます。
　 B₂：いいえ、テーブルの下にいません。

# 2

1) A：猫はどこにいますか。
　 B：ベッドの上にいます。
2) A：くつはどこにありますか。
　 B：箱の中にあります。
3) A：かさはどこにありますか。
　 B：テレビとスピーカーの間にあります。

# 3

1) 七人です。
2) お母さんの隣にいます。
　 奥さんの前にいます。
3) お父さんの隣にいます。
　 息子とお父さんの間にいます。
4) 三人です。
5) キムさんの隣にいます。
　 お父さんの後ろにいます。

**듣기 연습**

# 1

1) 猫は机の右にいます。
2) かばんはいすの下にあります。
3) テレビはスピーカーの左のテーブルの上にあります。
4) 妹は私の後ろにいます。

## 2

1) ③   2) ②   3) ①   4) ④

> 1) テーブルの下にサッカーボールがあります。
> 테이블 아래 축구공이 있습니다.
>
> 2) ベッドの上に猫がいます。
> 침대 위에 고양이가 있습니다.
>
> 3) スピーカーとテレビの間にかさがあります。
> 스피커와 텔레비전 사이에 우산이 있습니다.
>
> 4) クーラーの左にカレンダーがあります。
> 에어컨 왼쪽에 달력이 있습니다.

### 쓰기 연습

1. コンビニは銀行の隣(横)にあります。
2. デパートは駅の近くにあります。
3. 猫はいすの下にいます。
4. かばんの中に本がありません。
5. 父、母、姉が二人います。


## 第12課
### 最近運動をしますか

### 말하기 연습

## 1

1) A : よくコーヒーを飲みますか。
   B1 : はい、よく飲みます。
   B2 : いいえ、あまり飲みません。
2) A : よく地下鉄に乗りますか。
   B1 : はい、よく乗ります。
   B2 : いいえ、あまり乗りません。
3) A : よく友だちに会いますか。
   B1 : はい、よく会います。
   B2 : いいえ、あまり会いません。
4) A : よく朝ご飯を食べますか。
   B1 : はい、よく食べます。
   B2 : いいえ、あまり食べません。


## 2

1) 毎朝7時( に )起きます。
   それからご飯( を )食べます。
2) 毎日9時( から )6時( まで )会社( で )
   仕事( を )します。
3) 何時( に )うち( へ )帰りますか。
4) 田中さん( と )何語( で )話しますか。
5) よく先生( に )質問しますか。
6) 教室( に )何( が )ありますか。


## 3

1) A : 今日何をしますか。
   B : 運動をします。
   A : どんな運動をしますか。
   B : 自転車に乗ります。
2) A : 今日何をしますか。
   B : 本を読みます。
   A : どんな本を読みますか。
   B : 小説を読みます。
3) A : 今日何をしますか。
   B : 料理を作ります。
   A : 何を作りますか。
   B : 日本料理を作ります。
4) A : 今日何をしますか。

B:勉強をします。

A:どこでしますか。

B:うちでします。

## 듣기 연습

### 1

1) 私は毎日7時に起きます。
2) 学校で勉強します。
3) 地下鉄で行きます。
4) 今日は仕事をしません。

### 2

1) ④　　2) ②　　3) ⑤　　4) ①　　5) ③

1) A：今日何をしますか。오늘 무엇을 합니까?
   B：友だちと図書館で勉強します。
   친구랑 도서관에서 공부합니다.

2) A：今日何をしますか。오늘 무엇을 합니까?
   B：弟とハンバーガーを食べます。
   남동생이랑 햄버거를 먹습니다.

3) A：今日何をしますか。오늘 무엇을 합니까?
   B：会社へ行きます。회사에 갑니다.

4) A：今日何をしますか。오늘 무엇을 합니까?
   B：映画を見ます。영화를 봅니다.

5) A：今日何をしますか。오늘 무엇을 합니까?
   B：うちで休みます。집에서 쉽니다.

## 쓰기 연습

1. 私はよくコーヒーを飲みます。
2. 私は毎日早く起きます。
3. 今週末は何をしますか。
4. 駅の前で友だちに会います。
5. 今日は家に早く帰りません。

## 第13課

## 今日は何を食べましょうか。

### 말하기 연습

### 1

1) B1：はい、見ました。
   B2：いいえ、見ませんでした。

2) B1：はい、食べました。
   B2：いいえ、食べませんでした。

3) B1：はい、しました。
   B2：いいえ、しませんでした。

4) B1：はい、行きました。
   B2：いいえ、行きませんでした。

### 2

1) A：一緒に運動をしませんか。
   B：いいですね、しましょう。
   　どこでしましょうか。
   A：ジムに行きましょう。
   B：はい、そうしましょう。

2) A：一緒に昼ご飯を食べませんか。
   B：いいですね、食べましょう。
   　どこで食べましょうか。
   A：中華レストランに行きましょう。
   B：はい、そうしましょう。

3) A：一緒に散歩しませんか。
   B：いいですね、散歩しましょう。
   　どこでしましょうか。
   A：ハンガン公園に行きましょう。
   B：はい、そうしましょう。

4) A：一緒に買い物をしませんか。

B：いいですね、しましょう。

どこでしましょうか。

A：近くのデパートに行きましょう。

B：はい、そうしましょう。

## 3

1) A：レポートを書きましたか。

B：いいえ、まだです。

A：一緒に書きませんか。

今日はどうですか。

B：いいですね。

2) A：コーヒーを飲みましたか。

B：いいえ、まだです。

A：一緒に飲みませんか。

カフェラテはどうですか。

B：いいですね。

3) A：田中さんのプレゼントを買いました

か。

B：いいえ、まだです。

A：一緒に買いませんか。

かばんはどうですか。

B：いいですね。

4) A：掃除をしましたか。

B：いいえ、まだです。

A：一緒にしませんか。

明日はどうですか。

B：いいですね。



## 1

1) 週末は何をしましたか。
2) 昨日は学校へ行きませんでした。
3) 一緒に遊びませんか。
4) うちでゆっくり休みました。

## 2

1) ×　　2) ×　　3) ×　　4) ○　　5) ×

1) A：きのうテレビを見ましたか。

어제 텔레비전을 보았습니까?

B：忙しくて見ませんでした。

바빠서 보지 않았습니다.

2) A：ご飯を食べましたか。

밥은 먹었습니까?

B：まだです。아직입니다.

3) A：昨日会社へ行きましたか。

어제 회사에 갔었습니까?

B：いいえ、行きませんでした。

아니오, 가지 않았었습니다.

4) A：昨日先生に会いましたか。

어제 선생님을 만났습니까?

B：はい、デパートで会いました。

네, 백화점에서 만났습니다.

5) A：週末お酒を飲みましたか。

주말에 술을 마셨습니까?

B：いいえ、飲みませんでした。

아니오, 마시지 않았습니다.



1. 週末は何をしましたか。
2. 昨日は友だちと遊びました。
3. 土曜日は会社へ行きませんでした。

4. 一緒に昼ごはんを食べませんか。
5. 一緒に映画を見ましょう。

## 第14課
### 映画を見に行きたいです。

**말하기 연습**

### 1

1) 眠いからコーヒーが飲みたいです。
2) 新しいバッグがほしいから買い物をしたいです。
3) 暇だから映画を見たいです。
4) お金がほしいからアルバイトがしたいです。

### 2

1) コーヒーを飲みながらおしゃべりをしました。
2) テレビを見ながらご飯を食べました。
3) ドライブしながら音楽を聞きました。
4) 電話をしながら犬と散歩しました。

### 3

1) A: この本はどうですか。
   B: 字が小さくて読みにくいです。
2) A: このハンバーガーはどうですか。
   B: 大きくて食べにくいです。
3) A: このお酒はどうですか。
   B: 甘くて飲みやすいです。
4) A: このパソコンはどうですか。
   B: 簡単で使いやすいです。

### 4

1) A: 週末何がしたいですか。
   B: お酒が飲みたいです。
   A: 一緒に飲みに行きませんか。
   B: いいですね。
2) A: 週末何がしたいですか。
   B: 散歩を(が)したいです。
   A: 一緒に散歩(し)に行きませんか。
   B: いいですね。
3) A: 週末何がしたいですか。
   B: 買い物を(が)したいです。
   A: 一緒に買い物(をし)に行きませんか。
   B: いいですね。
4) A: 週末何がしたいですか。
   B: 旅行に行きたいです。
   A: 一緒に旅行に行きませんか。
   B: いいですね。

**듣기 연습**

### 1

1) コーヒーを飲みに行きましょう。
2) スキーに行きました。
3) 新しいケータイがほしいです。
4) ゆっくり休みたいです。

# 2

1) ②　　2) ①　　3) ④　　4) ③



## 쓰기 연습

1. この料理は作りやすいです。
2. この新聞は字が小さくて読みにくいです。
3. ハンバーガーは食べやすいです。
4. この本は難しくて理解しにくいです。
5. お酒はどうですか。苦くて飲みにくいです。

---

第15課

# どうやって行きますか。

## 말하기 연습

### 1

1) B1：服を着ます。それから化粧をします。
　　B2：服を着て化粧をします。
2) B1：顔を洗います。
　　　それからご飯を食べます。
　　B2：顔を洗ってご飯を食べます。
3) B1：コーヒーを飲みます。
　　　それから新聞を読みます。
　　B2：コーヒーを飲んで新聞を読みます。

### 2

1) 忙しいですから急いでください。
2) うるさいですから静かにしてください。
3) 汚いですから掃除をしてください。
4) 速いですからゆっくり話してください。

### 3

1) 左にまがってまっすぐ行ってください。
2) 道を渡って左にまがってください。
3) まっすぐ行って右にまがってください。
4) コンビニを右にまがって10分ぐらい行ってください。

### 4

6時に起きて顔を洗います。
顔を洗って朝ご飯を食べます。

朝ご飯を食べて歯を磨きます。
会社へ行って仕事をします。
12時に昼ご飯を食べて6時にうちへ帰ります。
晩ご飯を食べてジムで運動します。
運動をして11時に寝ます。

4. 毎日単語を覚えてください。
5. 右に曲がってまっすぐ行ってください。

**듣기 연습**

## 1

1) 右にまがってください。
2) ここに名前を書いてください。
3) ご飯を食べて歯を磨きます。
4) 朝起きて何をしますか。

## 2

1) ① → ③　　2) ② → ④　　3) ⑥ → ⑤

1) A：今日何をしましたか。
　　　오늘 무엇을 했습니까?
　 B：友だちに会ってコーヒーを飲みに行き
　　 ました。친구랑 만나서 커피를 마시러 갔었습니다.

2) A：それから 何をしましたか。
　　　그리고 나서 무엇을 했습니까?
　 B：図書館に行って本を読みました。
　　　도서관에 가서 책을 읽었습니다.

3) A：本を読んで何をしましたか。
　　　책을 읽고 무엇을 했습니까?
　 B：うちへ帰ってテレビを見ました。
　　　집에 돌아가서 텔레비전을 보았습니다.

**쓰기 연습**

1. 朝ご飯を食べて会社に行きます。
2. シャワーを浴びて本を読みます。
3. 友だちに会って遊びました。

# 처음 시작하는

# 일본어 日本語

STEP 1

## - 가나 쓰기연습 -

저자 | 정복임, 박은숙

ECK Books

 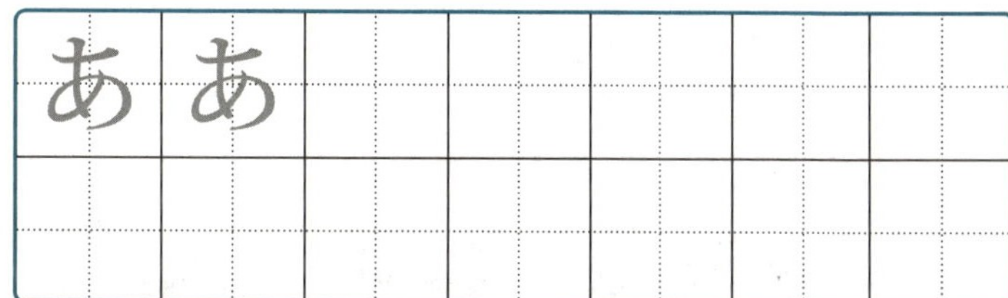

 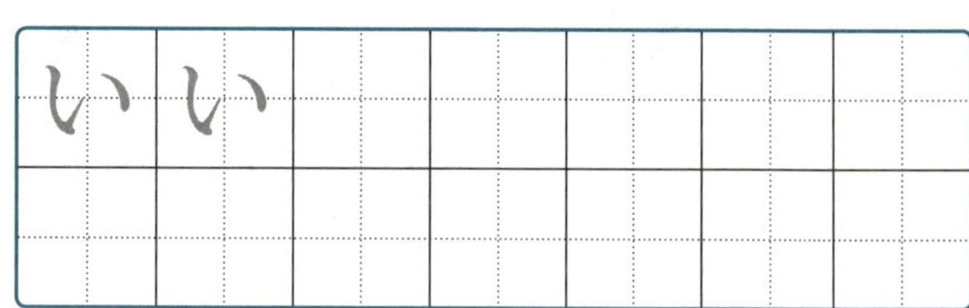

 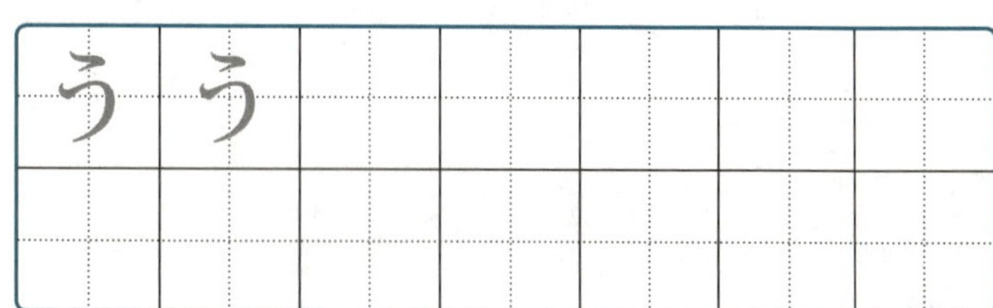

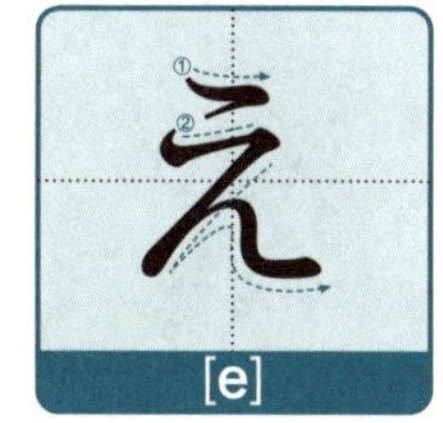 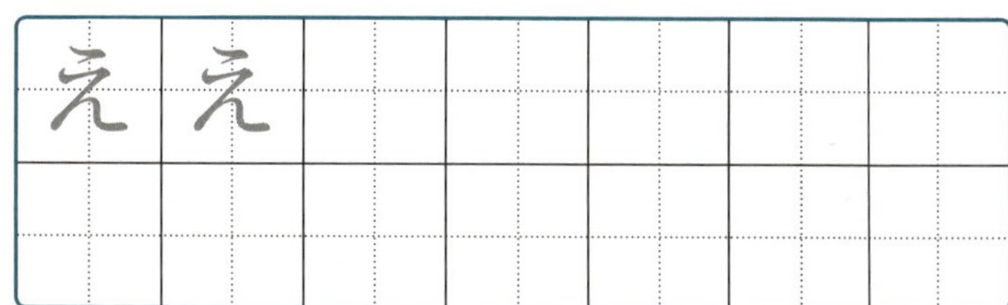

 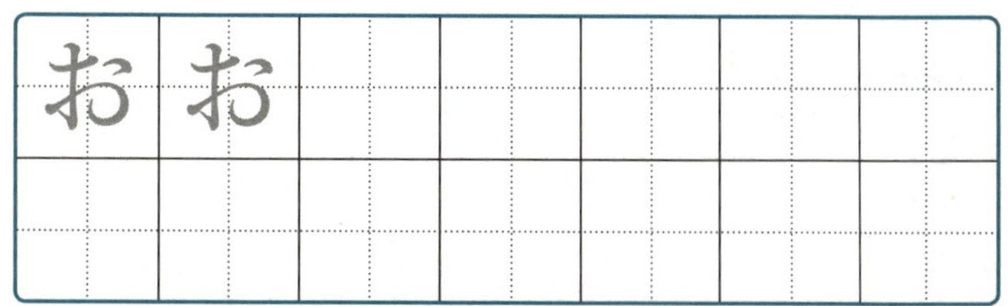

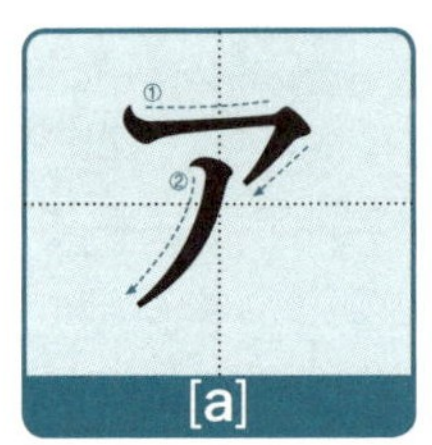
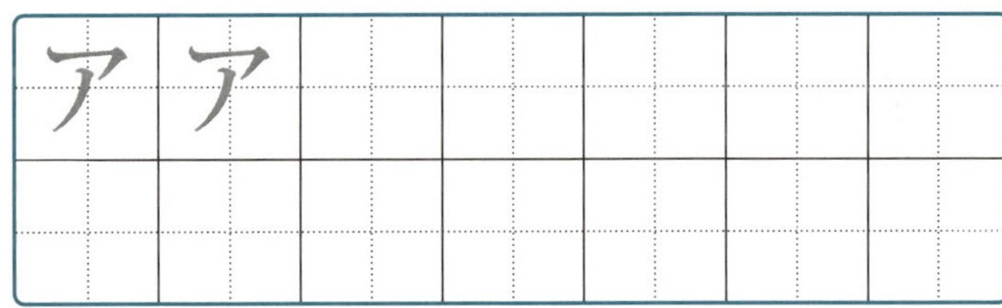

[a]

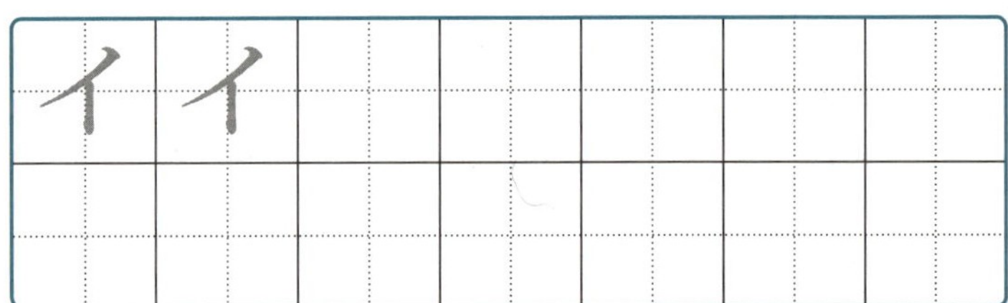

[i]

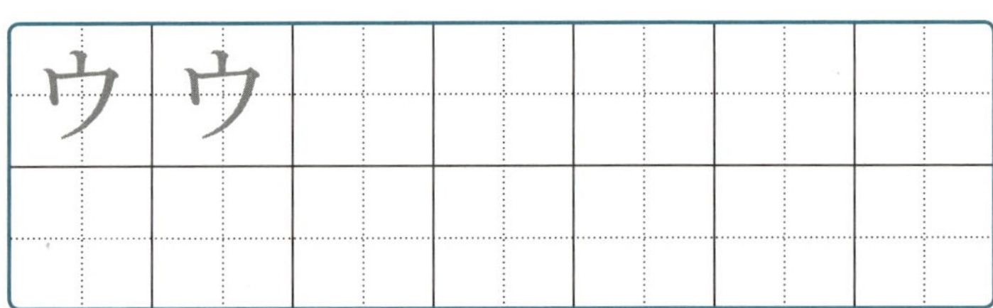

[u]

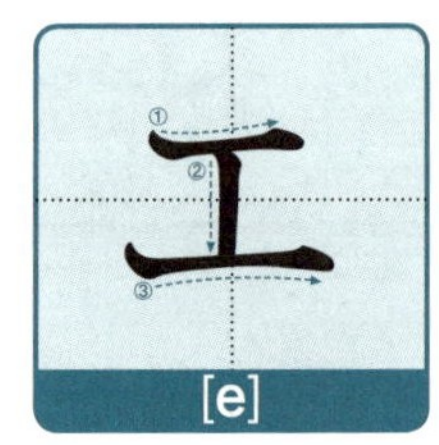
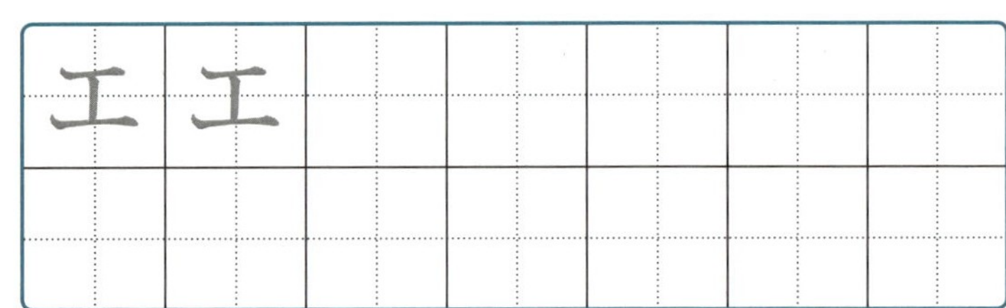

[e]

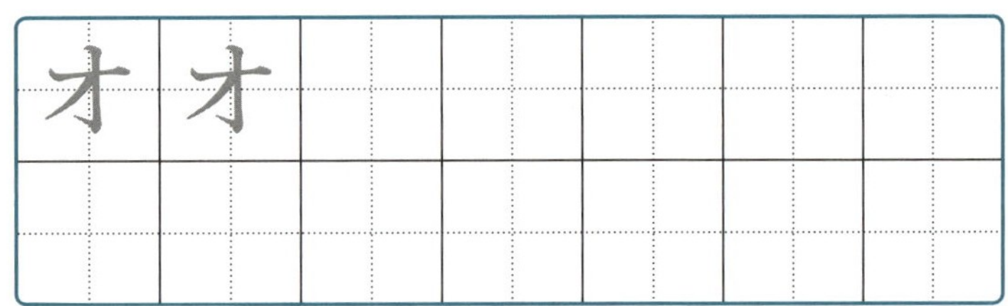

[o]

[ka]

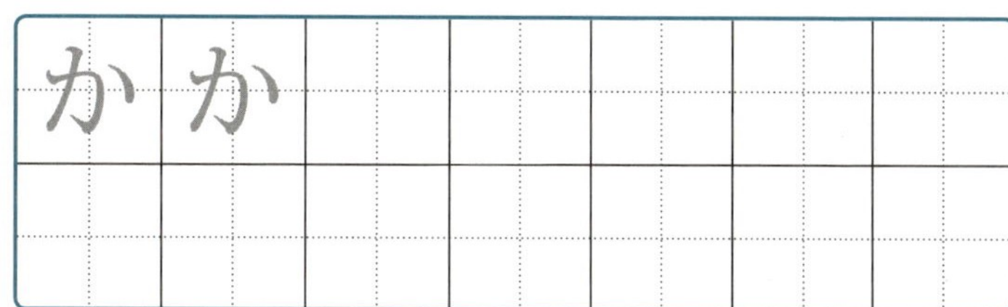

[ki]

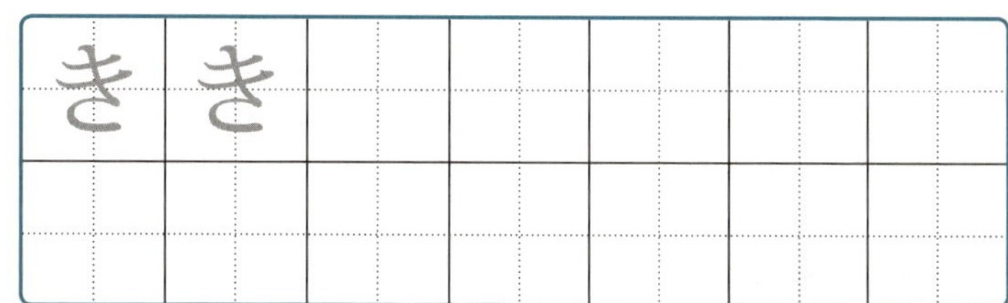

[ku]

[ke]

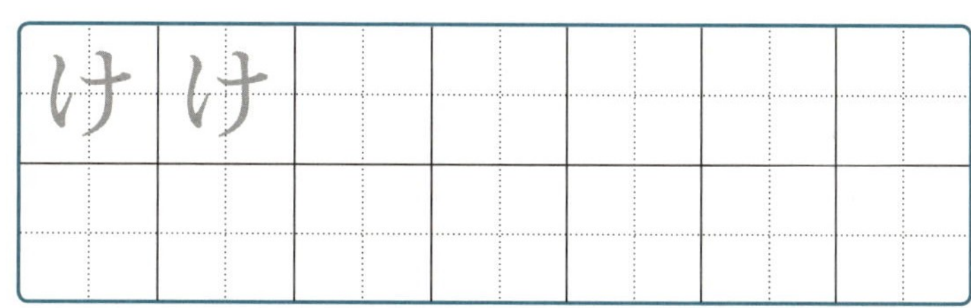

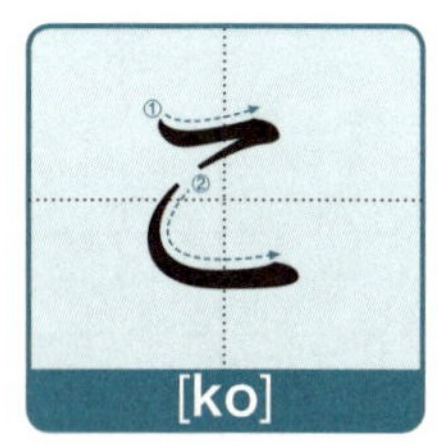
[ko]

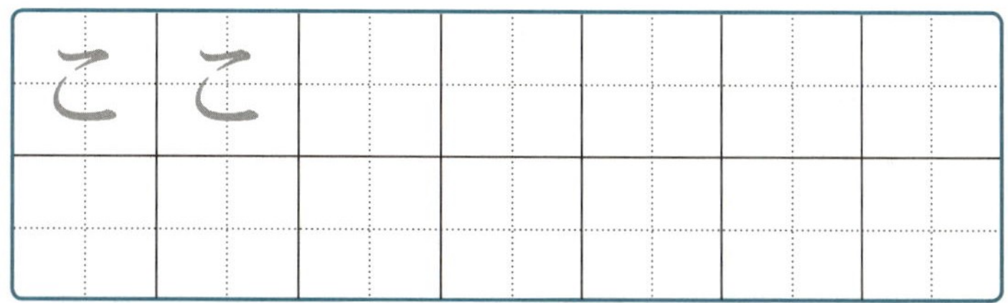

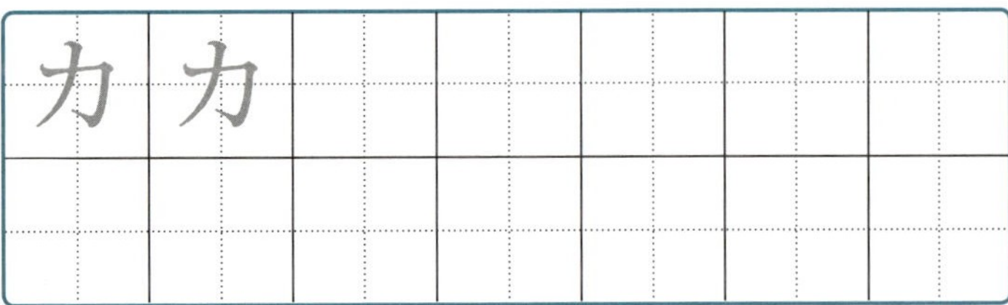

**[ka]**

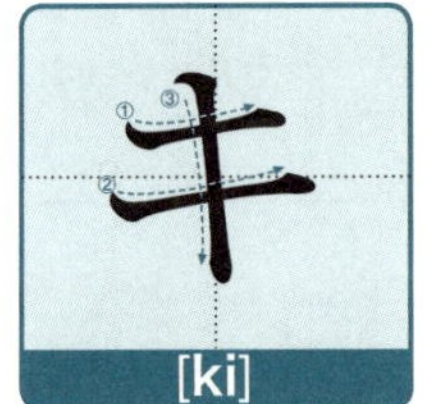

**[ki]**

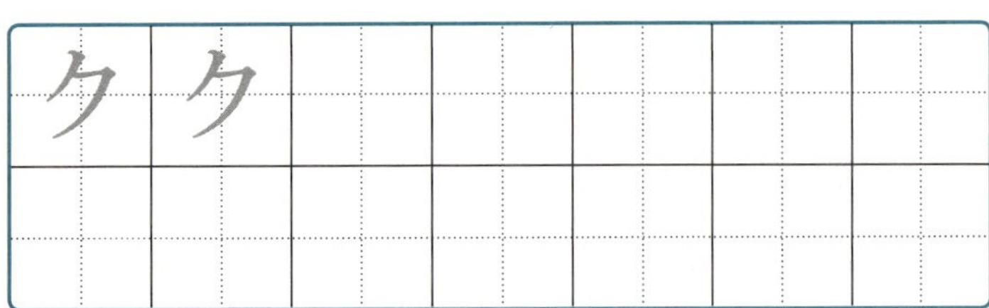

**[ku]**

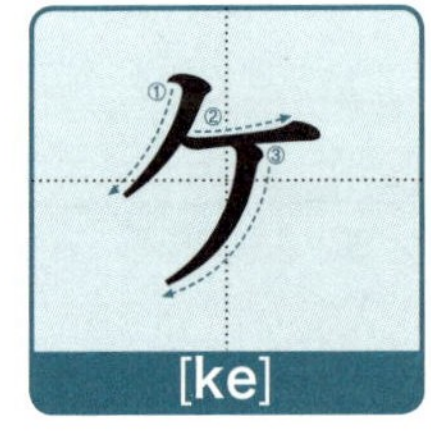
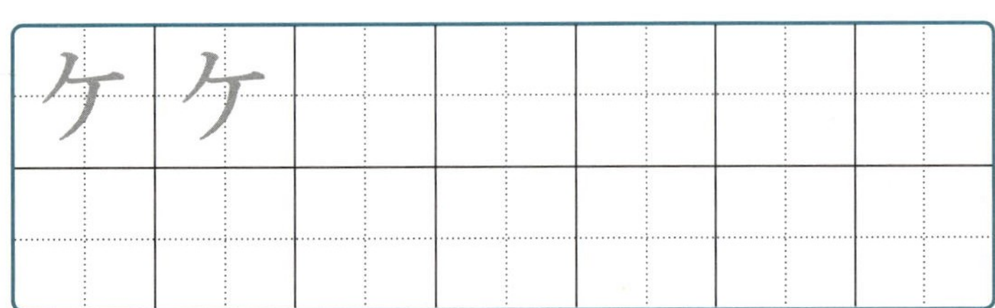

**[ke]**

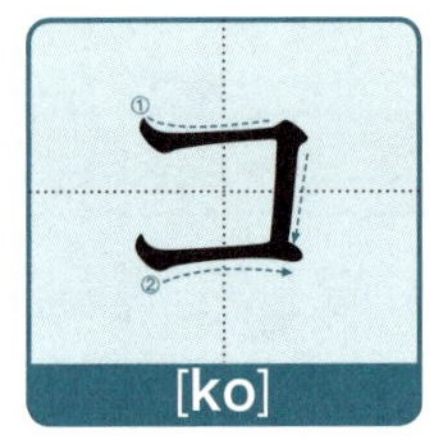
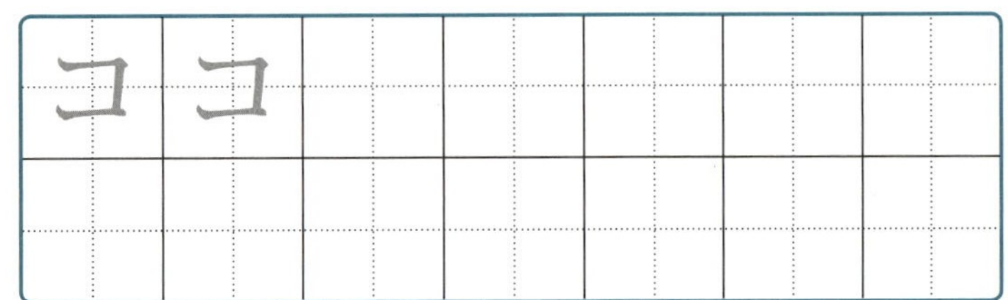

**[ko]**

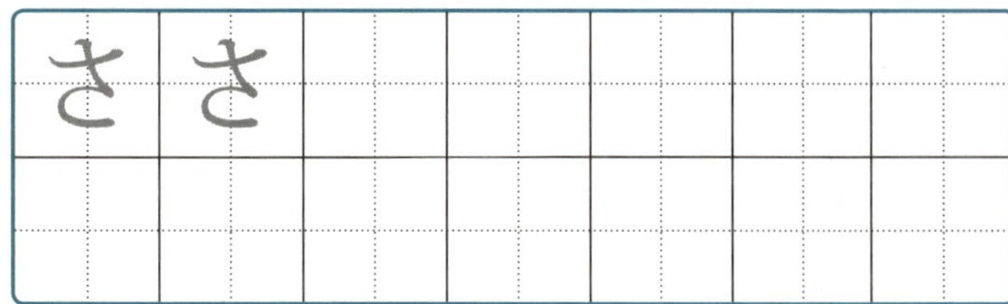

[sa]

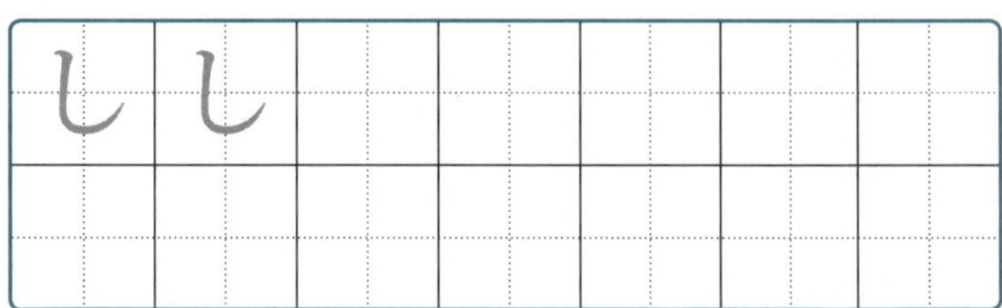

[si]

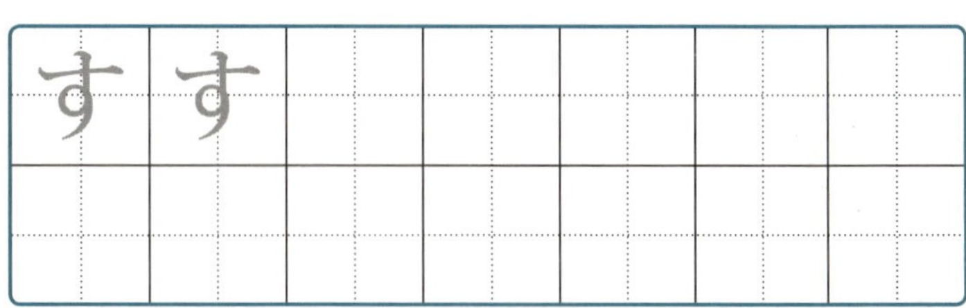

[su]

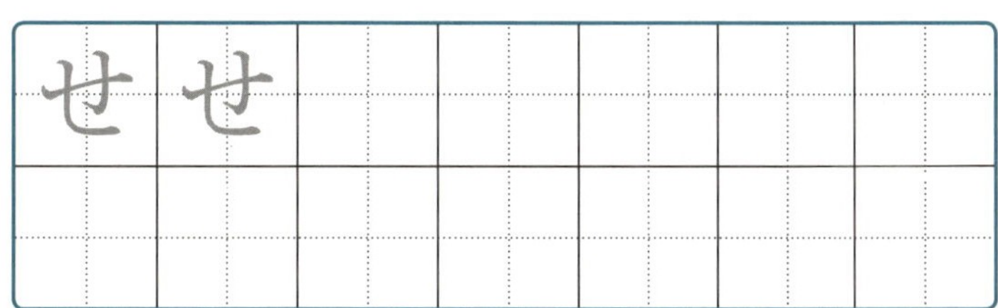

[se]

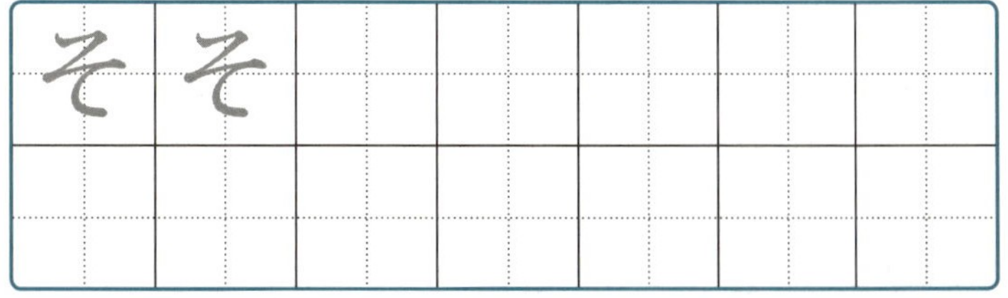

[so]

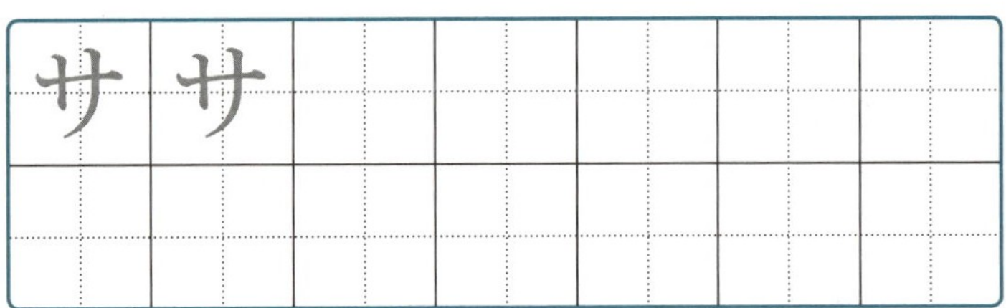

サ サ

[sa]

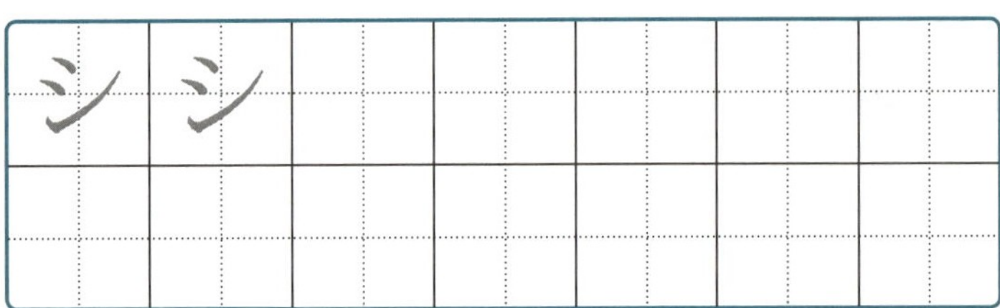

シ シ

[si]

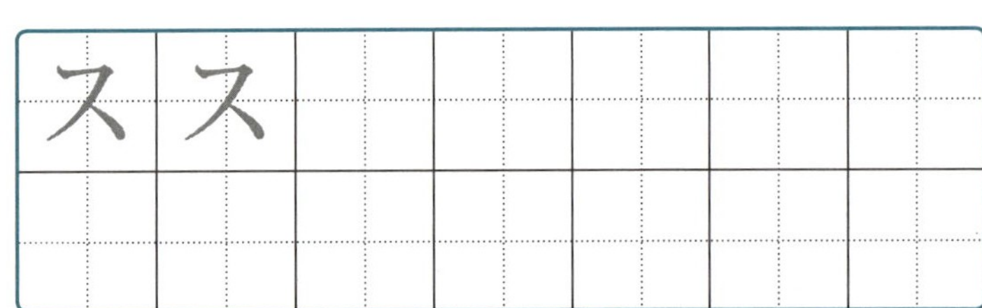

ス ス

[su]

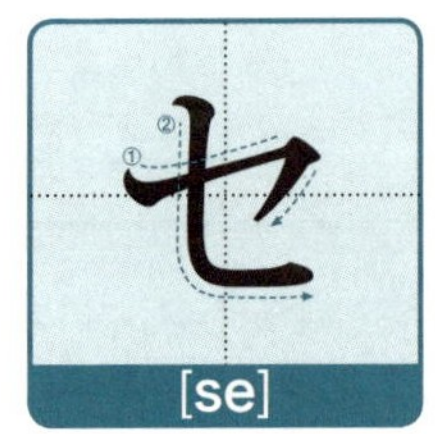
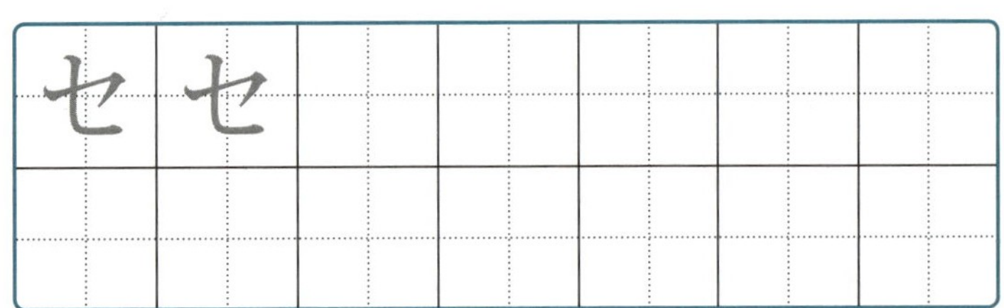

セ セ

[se]

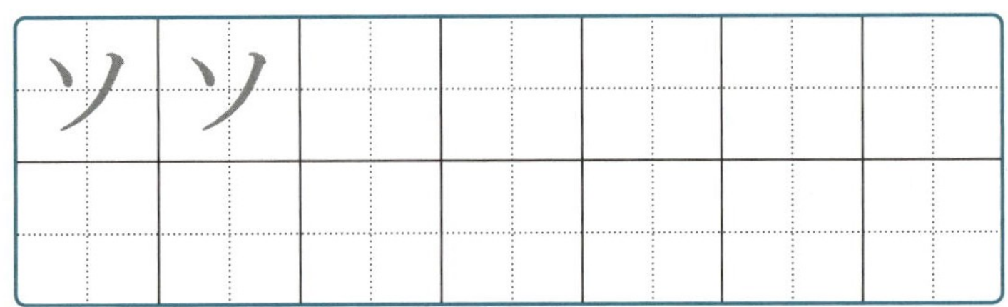

ソ ソ

[so]

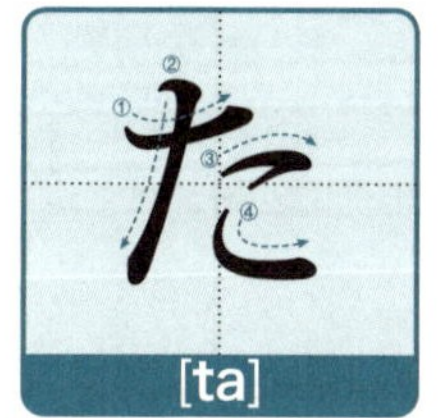
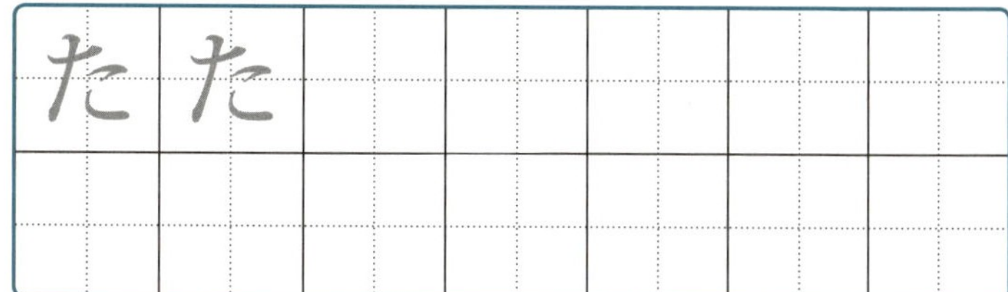

[ta]

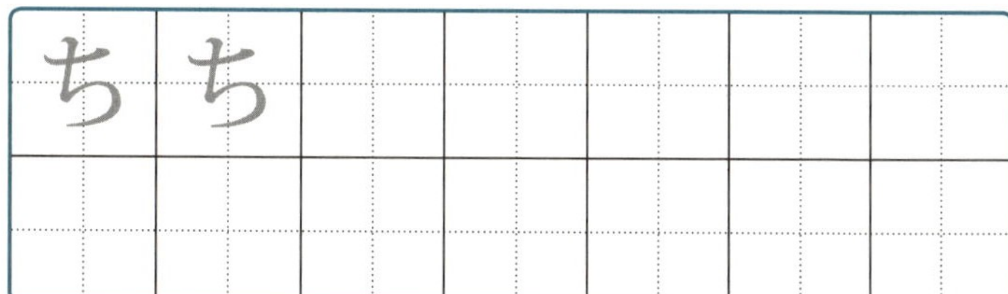

[chi]

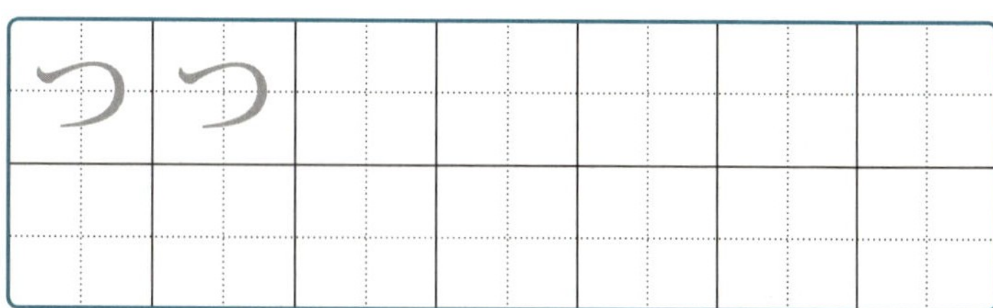

[tsu]

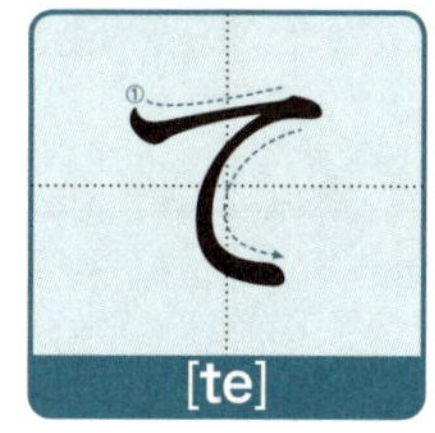
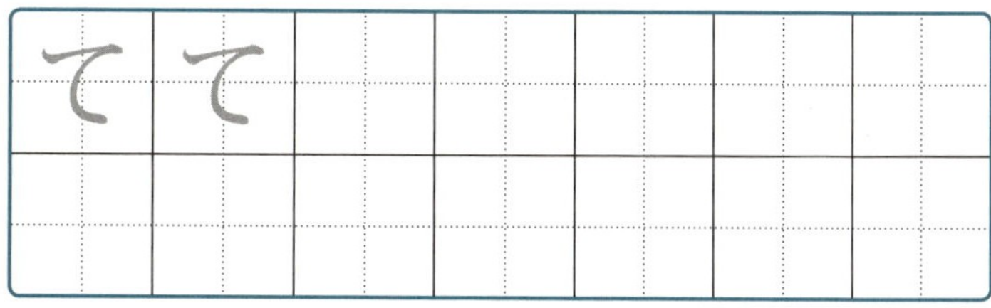

[te]

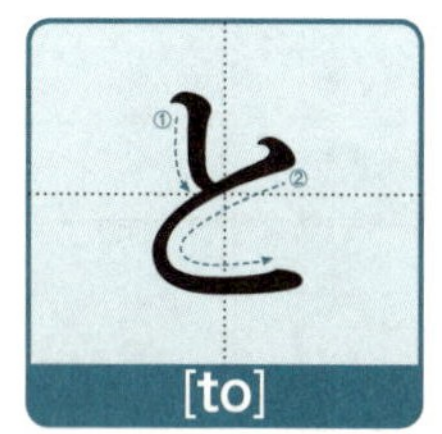
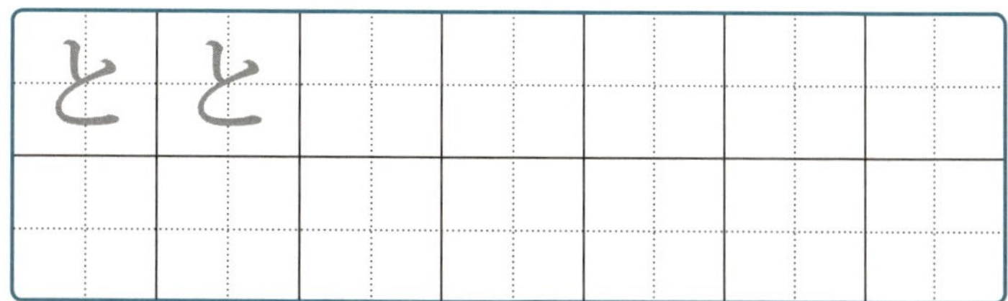

[to]

[ta]

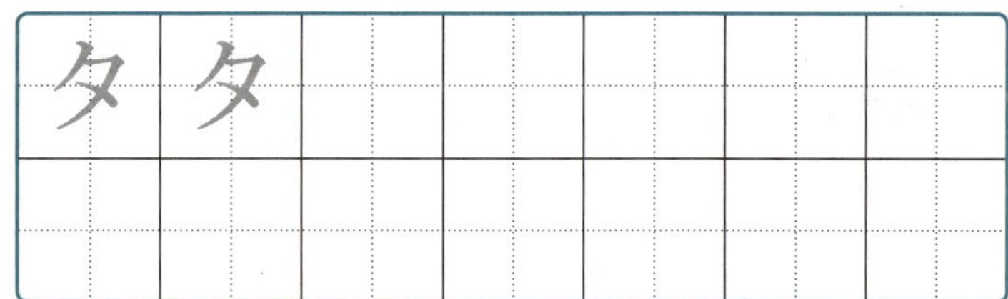

[chi]

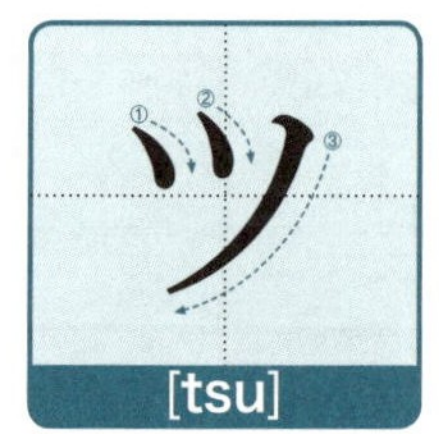
[tsu]

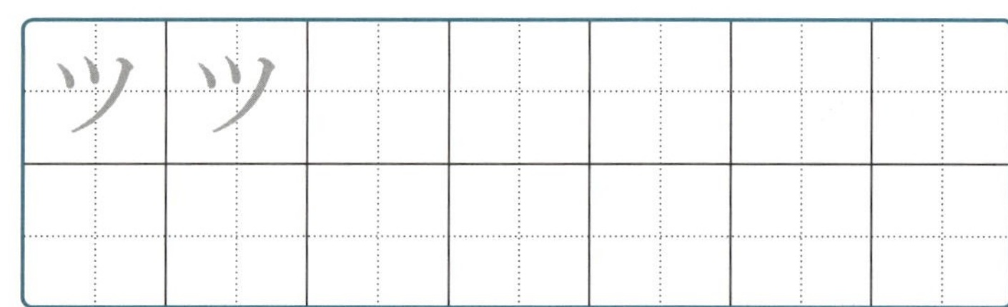

[te]

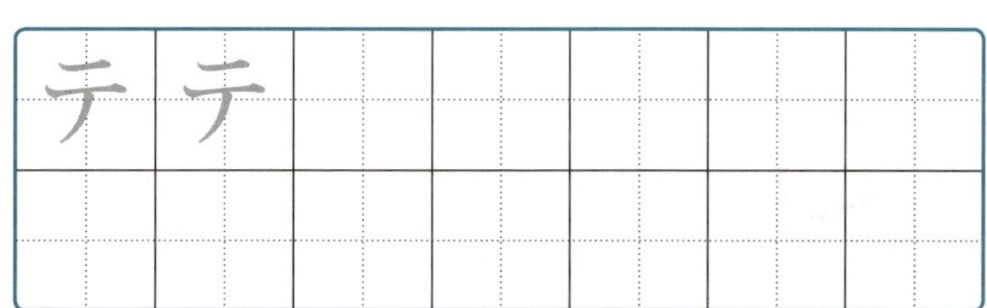

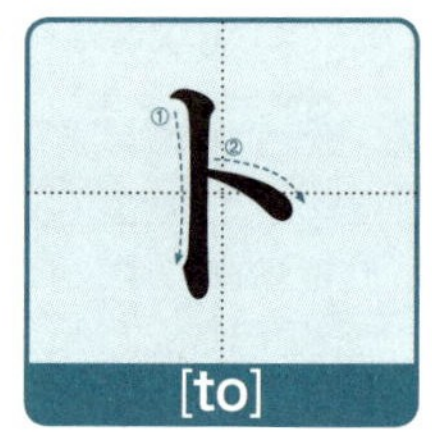
[to]

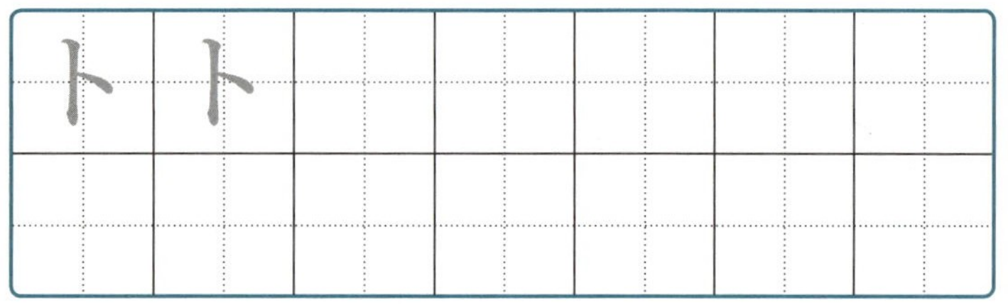

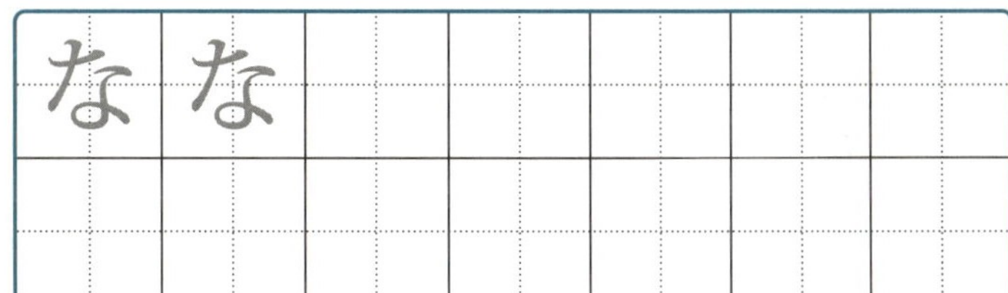

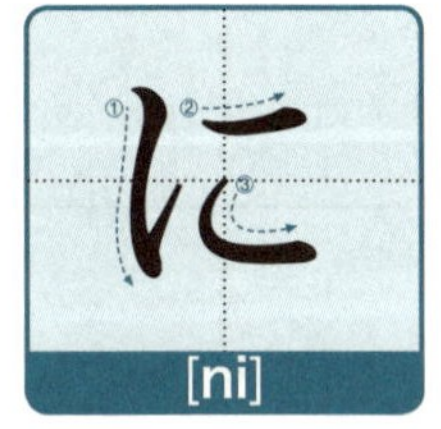
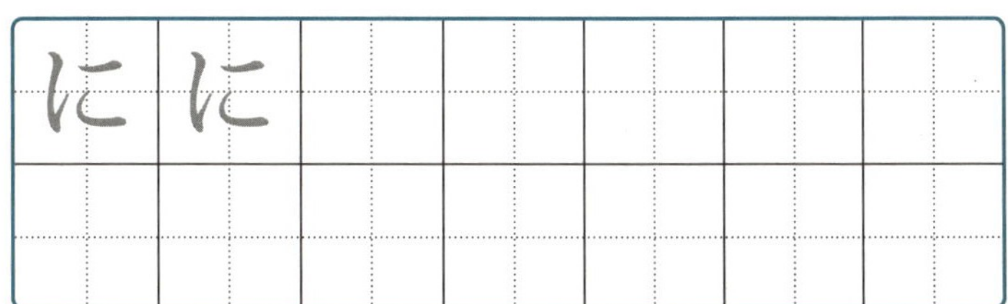

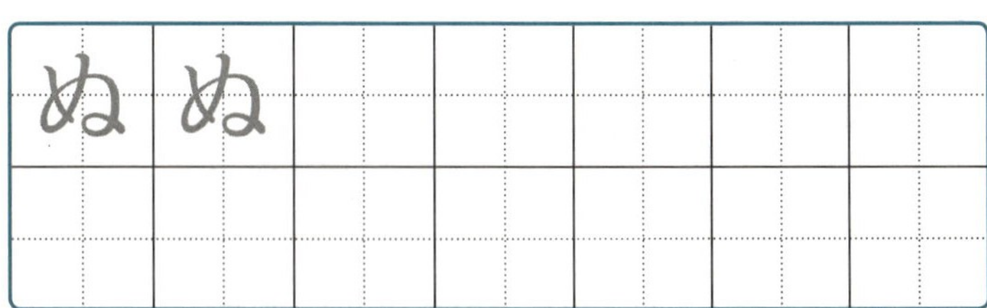

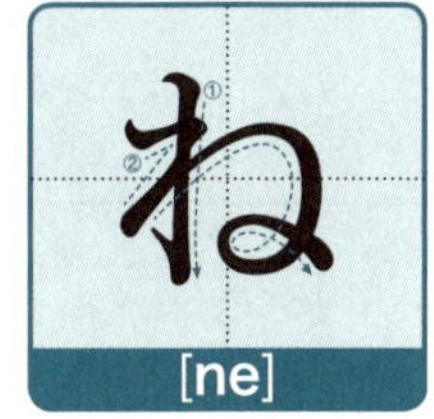
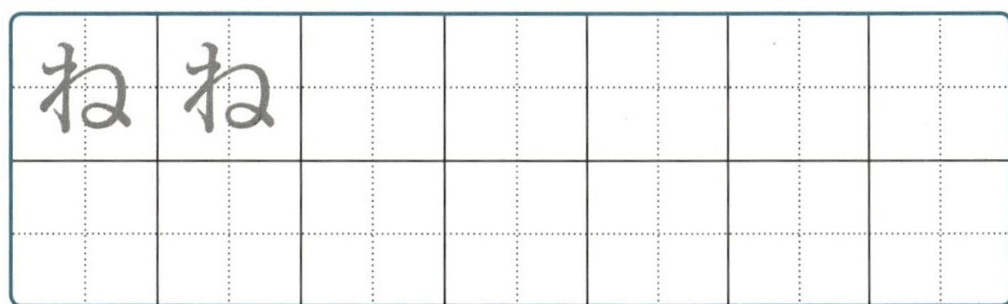

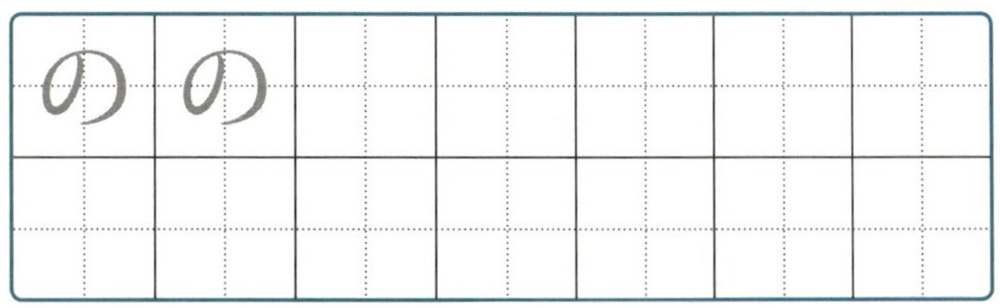

[na]

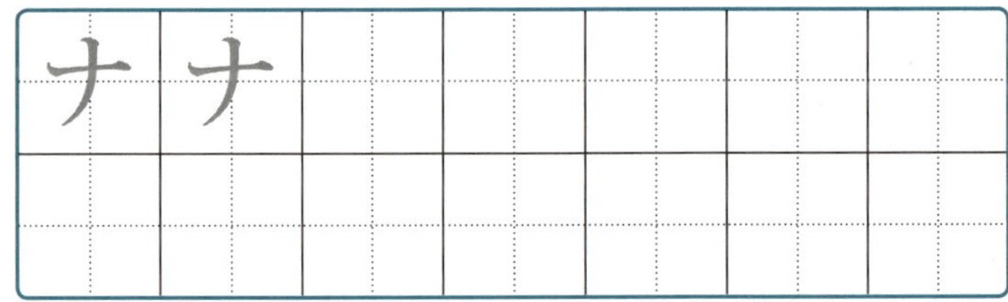

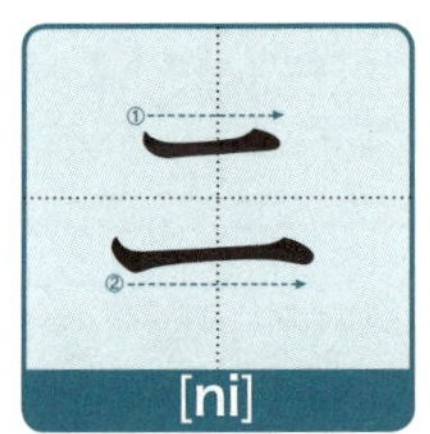
[ni]

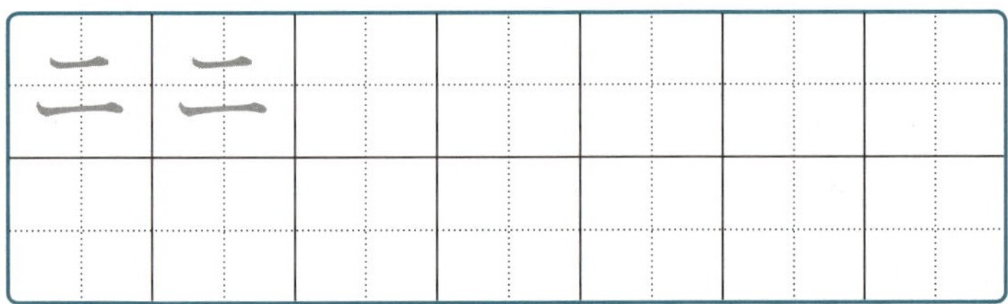

[nu]

[ne]

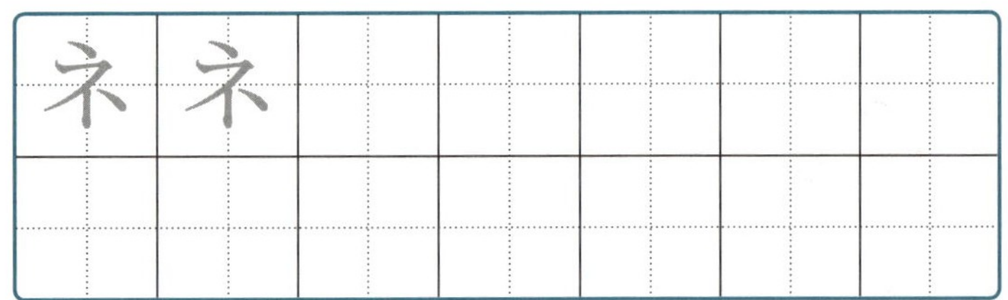

[no]

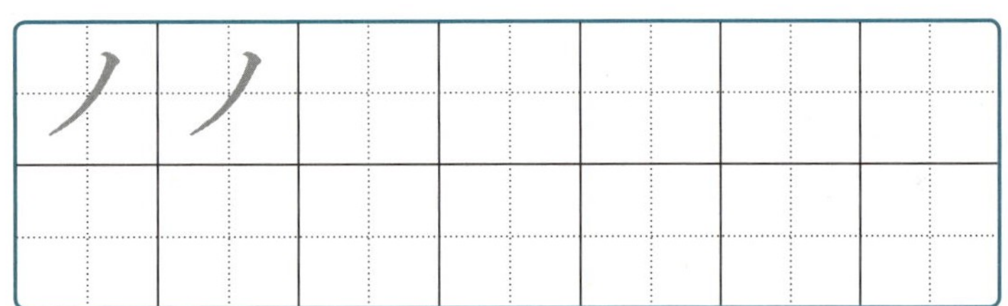

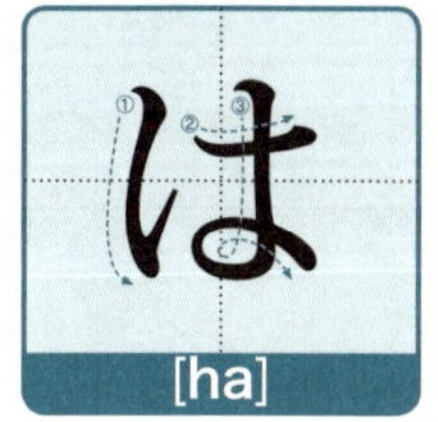 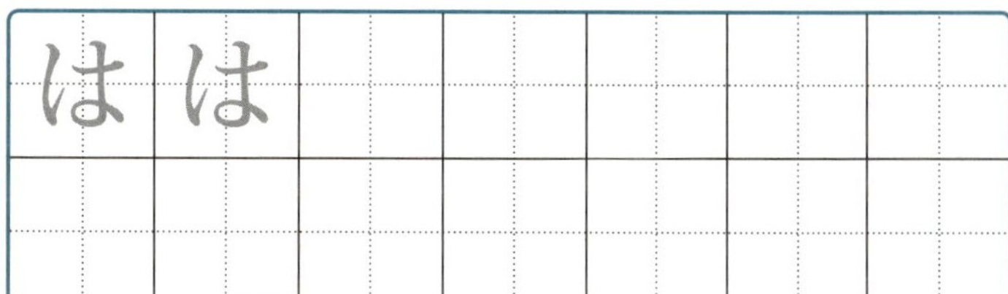

[ha]

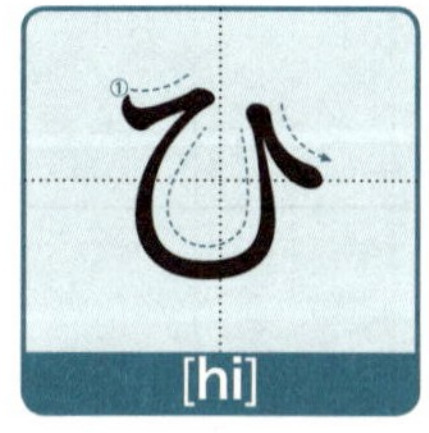 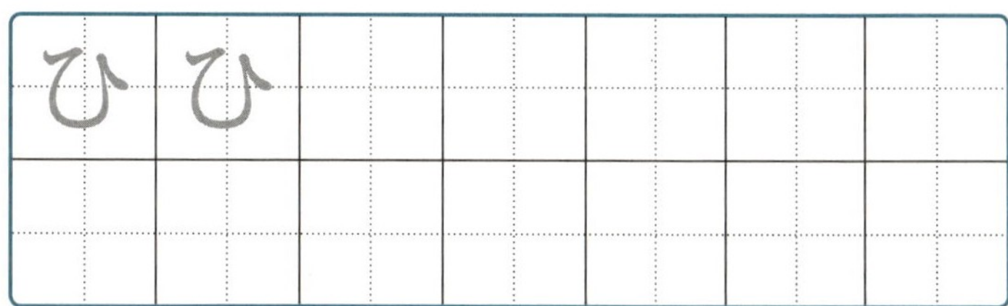

[hi]

 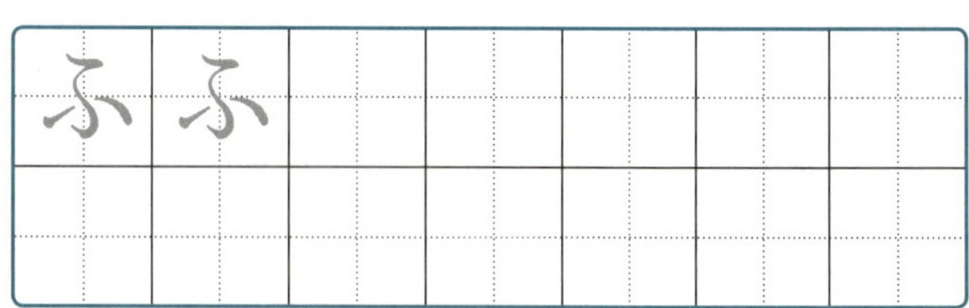

[hu]

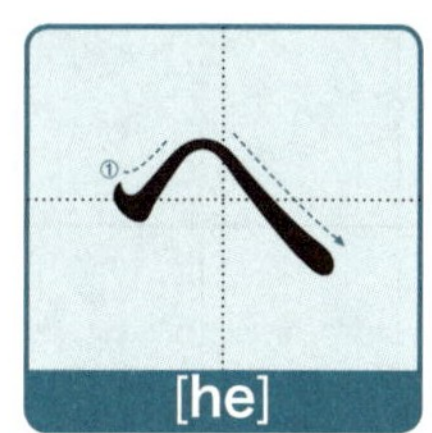 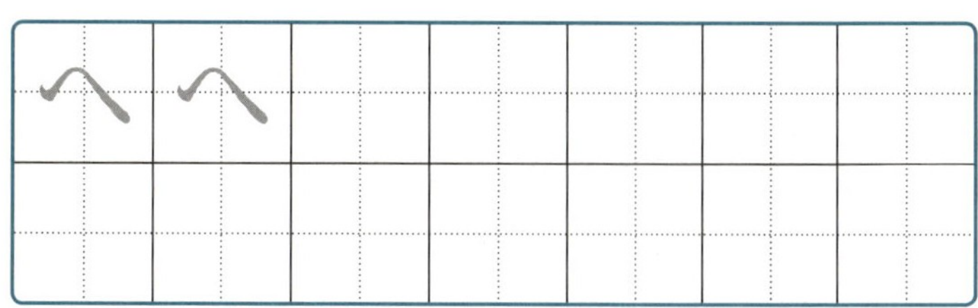

[he]

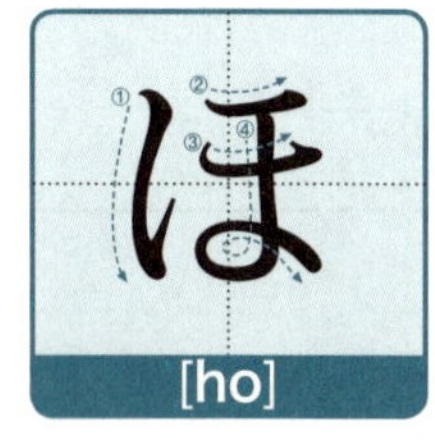 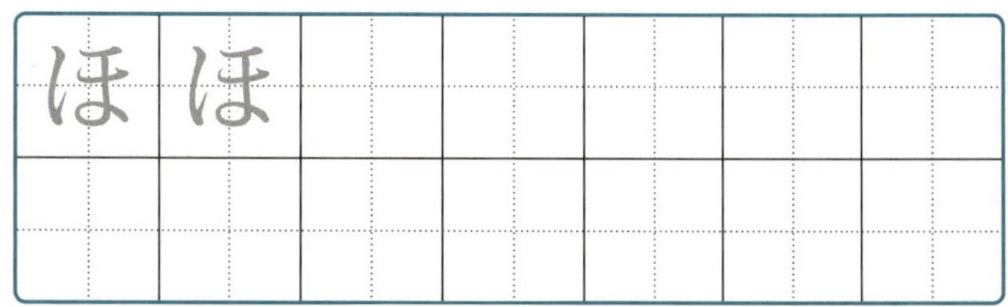

[ho]

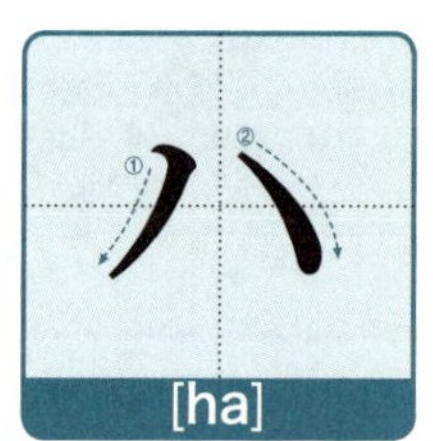
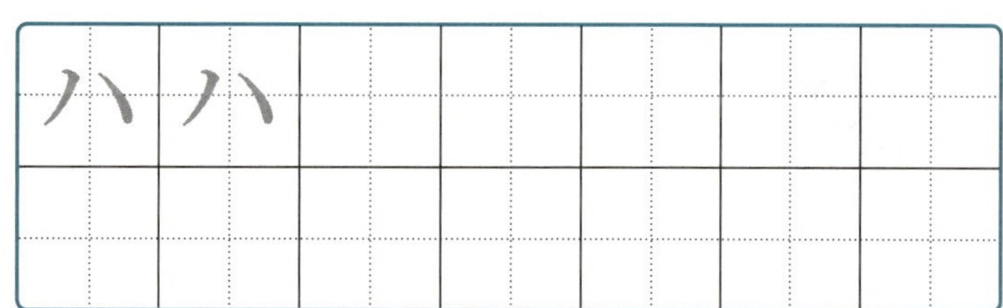

[ha]

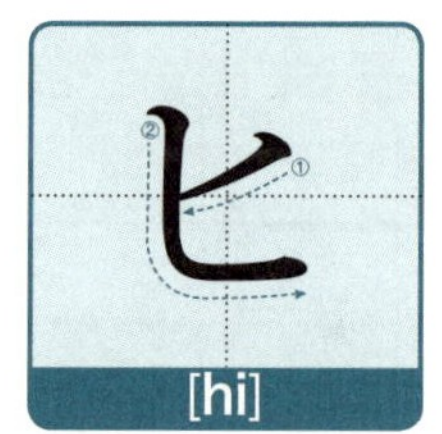
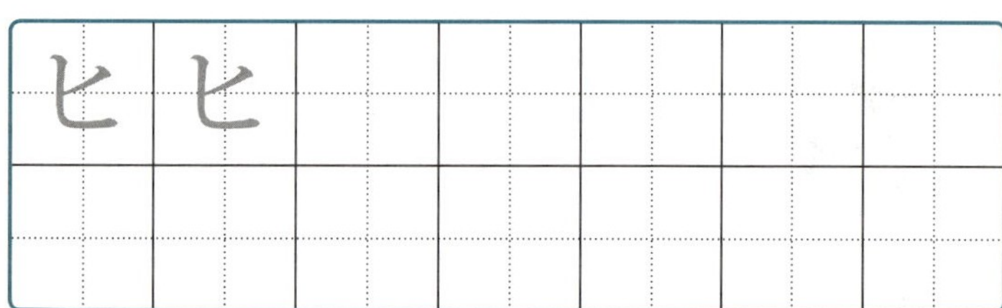

[hi]

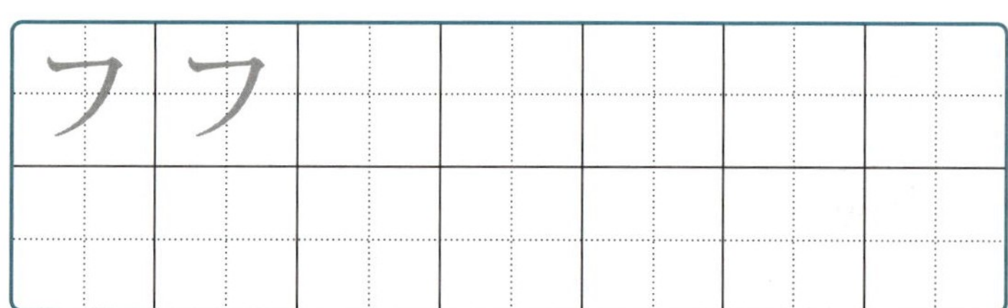

[hu]

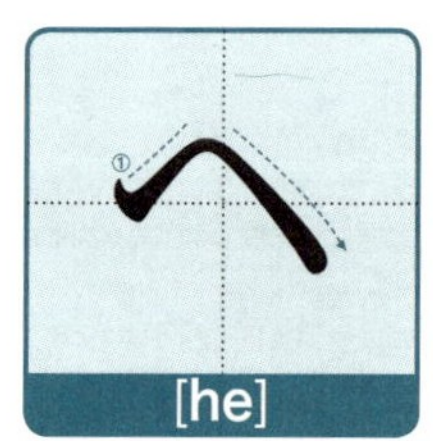
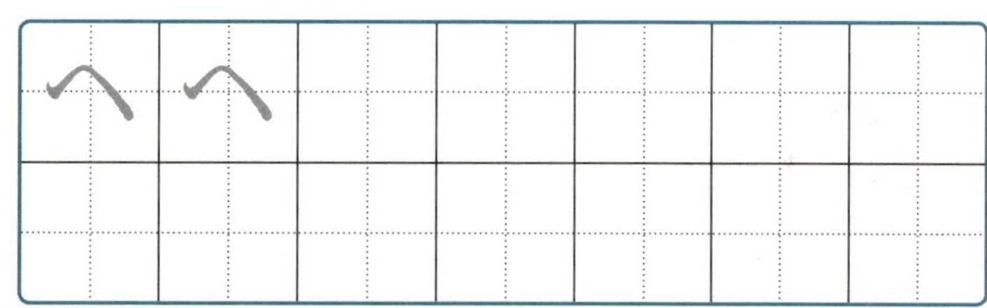

[he]

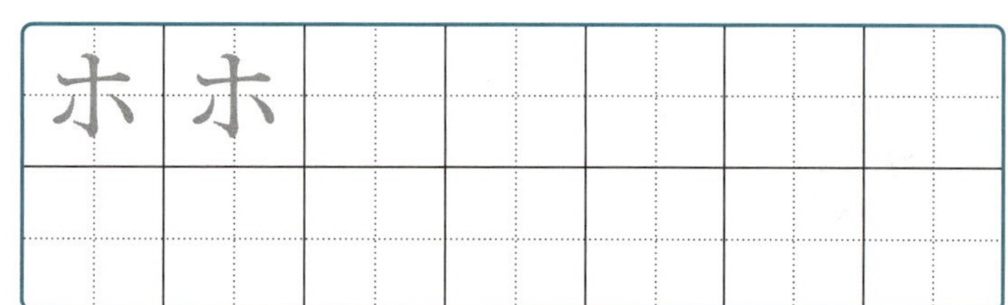

[ho]

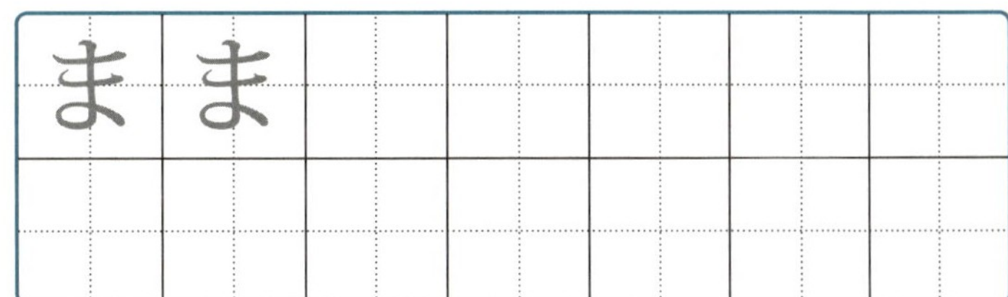

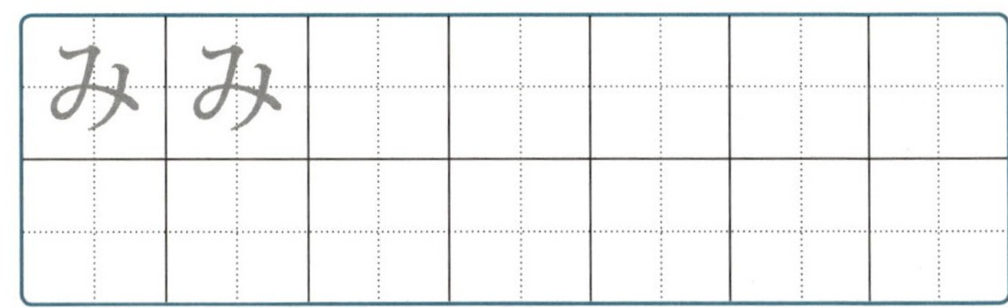

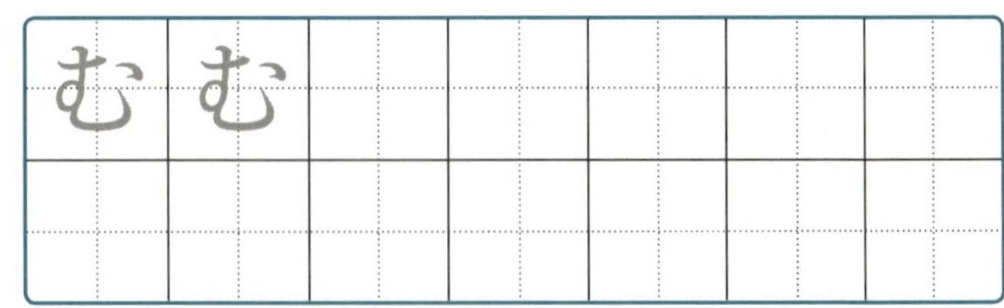

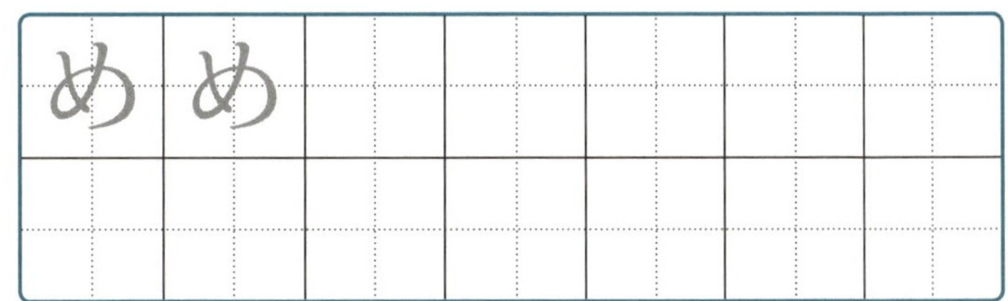

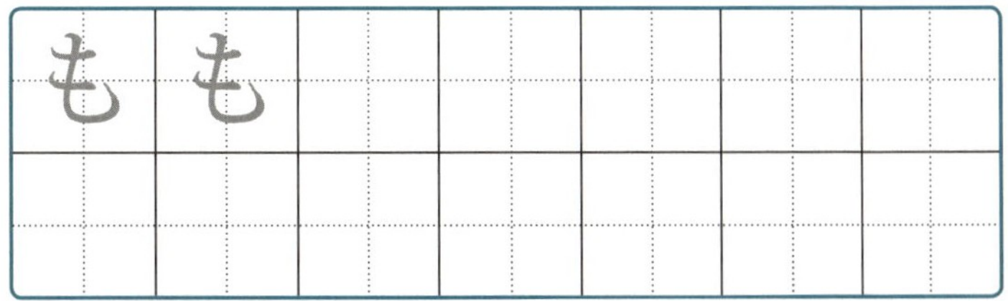

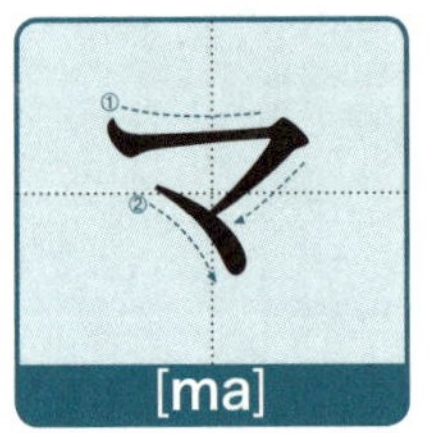
[ma]

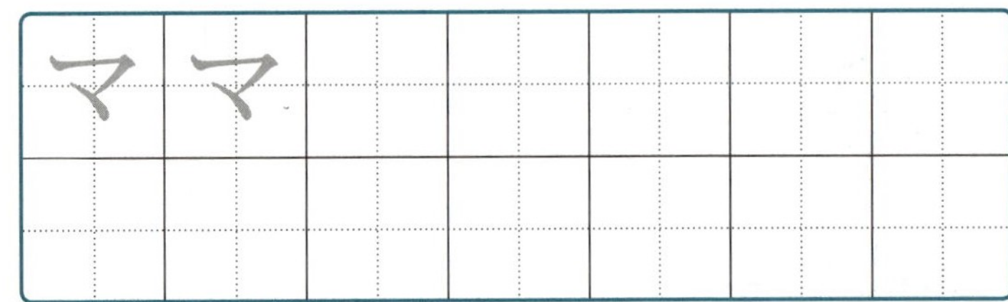

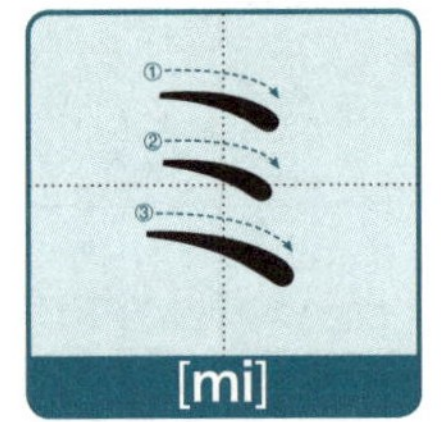
[mi]

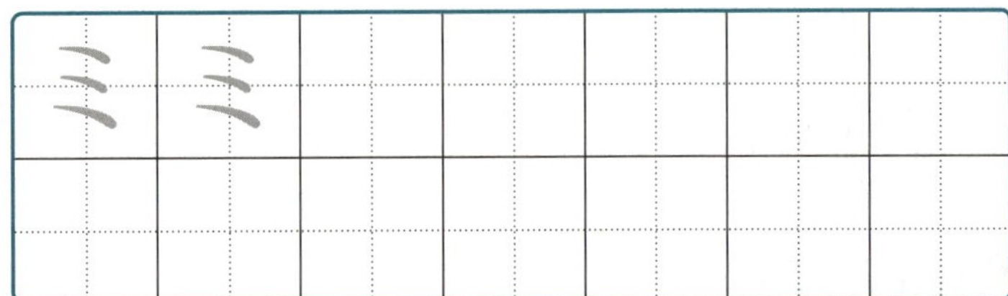

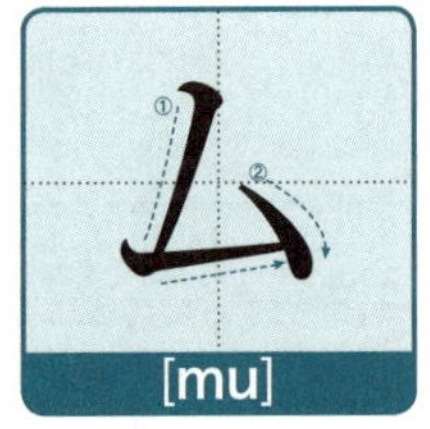
[mu]

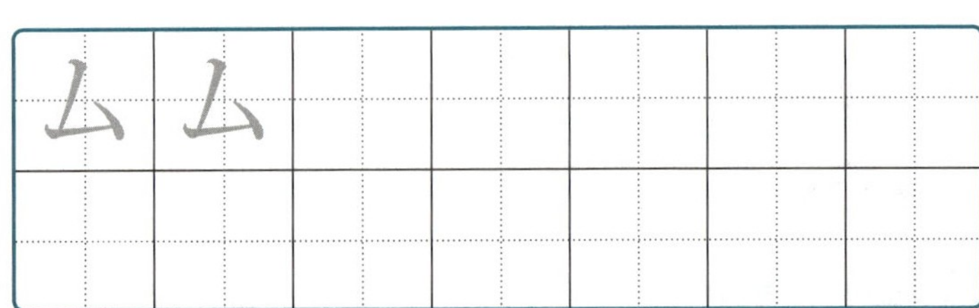

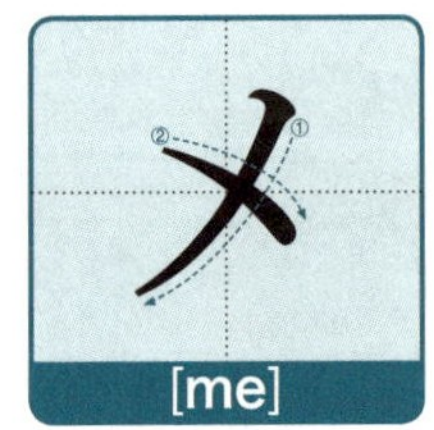
[me]

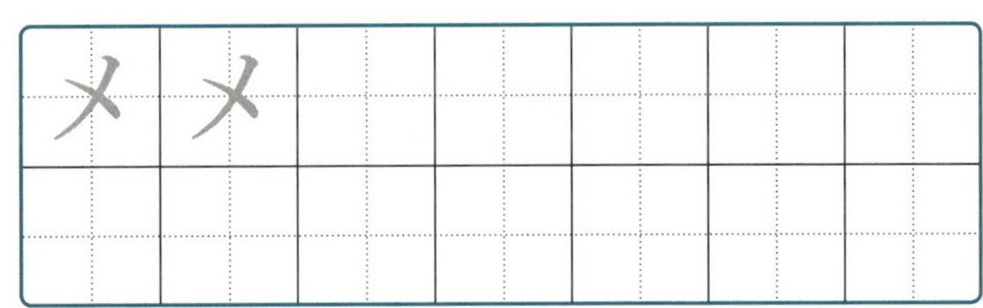

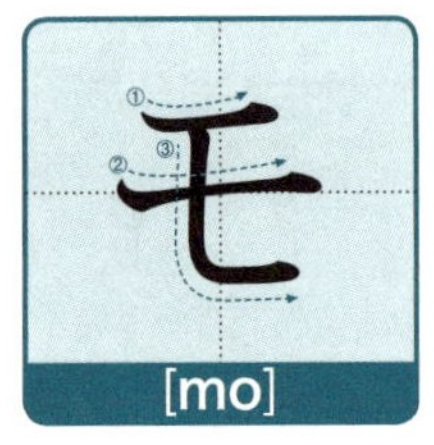
[mo]

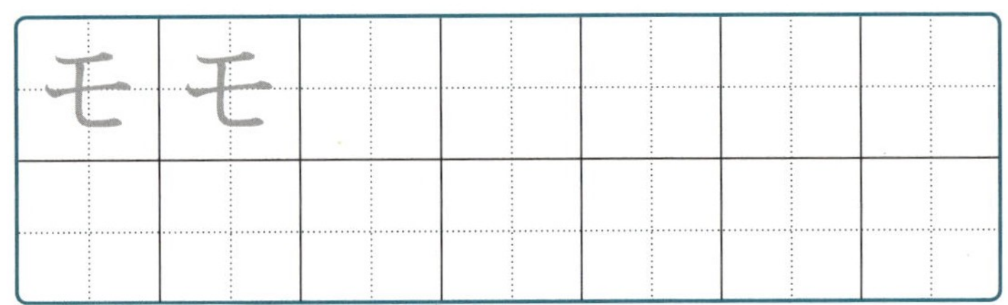

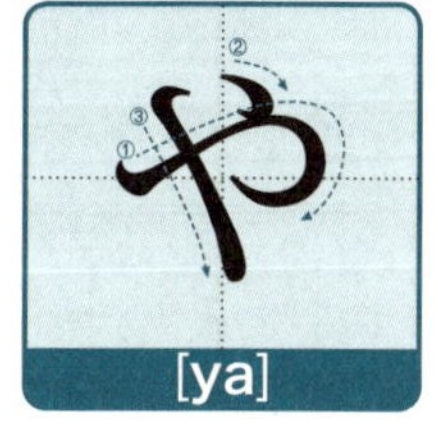

[ya]

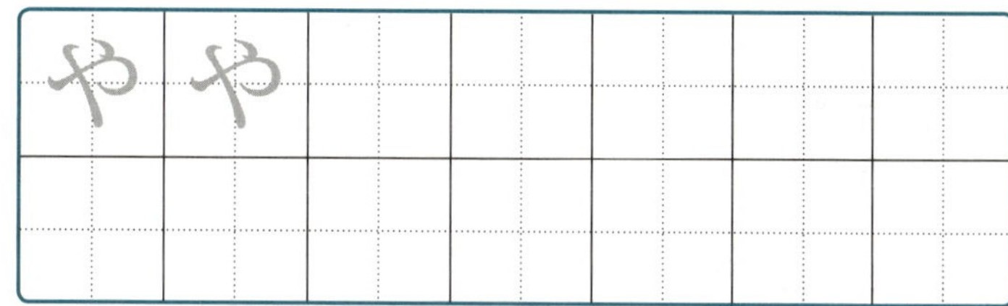

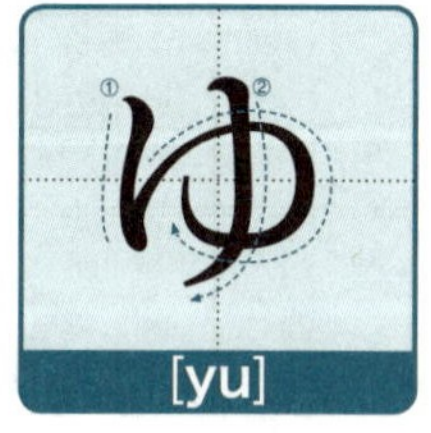

[yu]

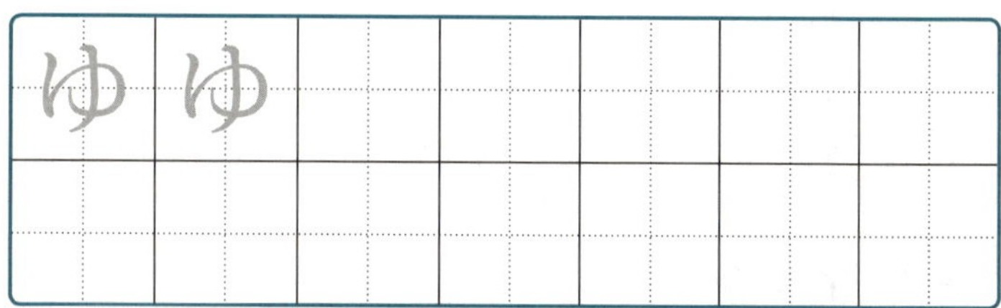

[yo]

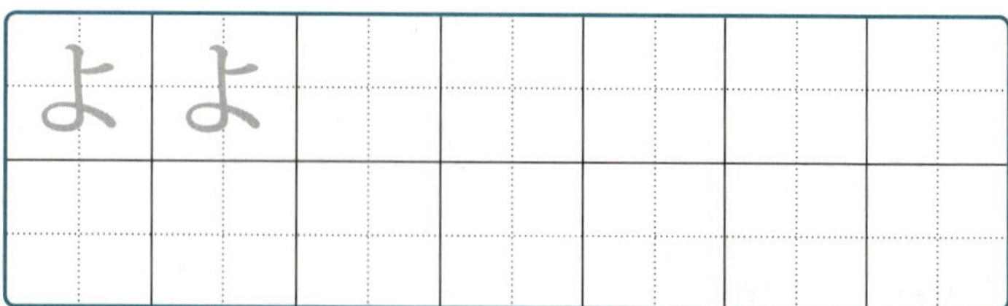

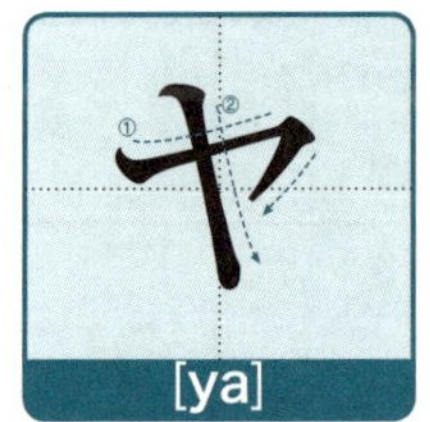
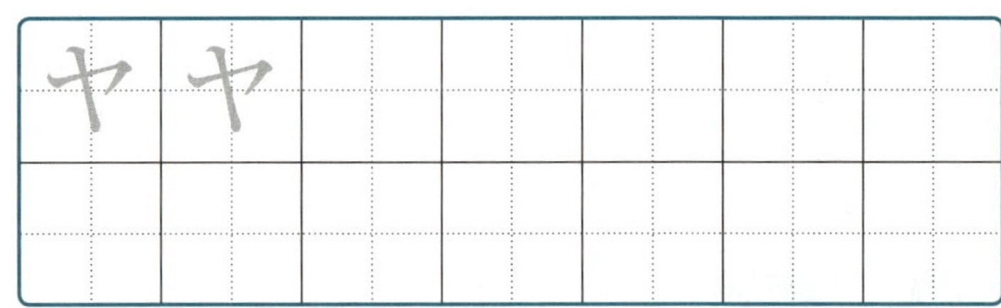

[ya]

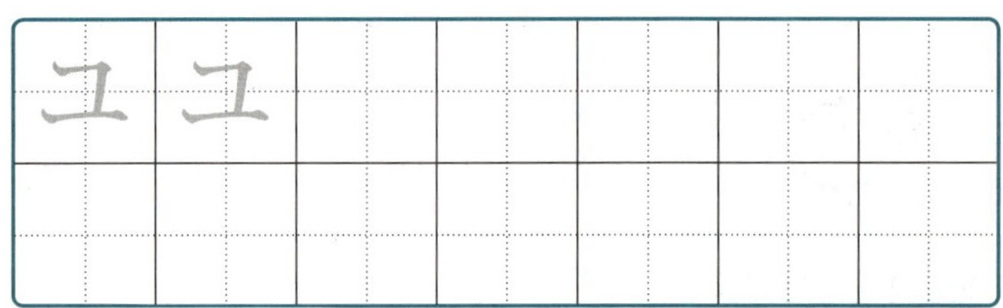

[yu]

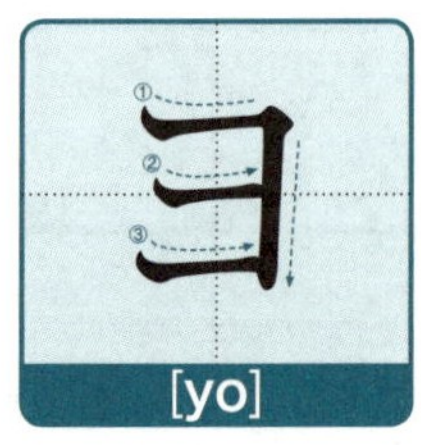
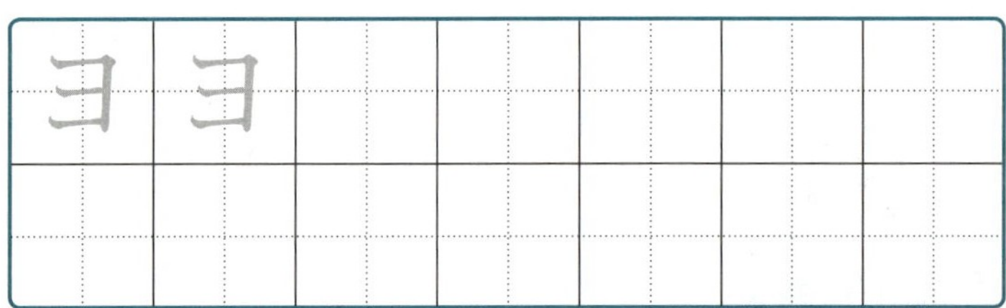

[yo]

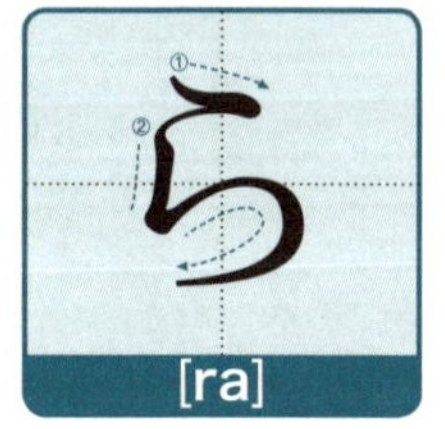
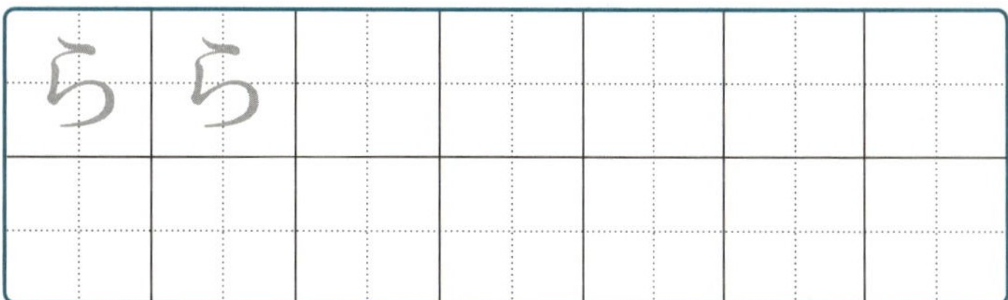

[ra]

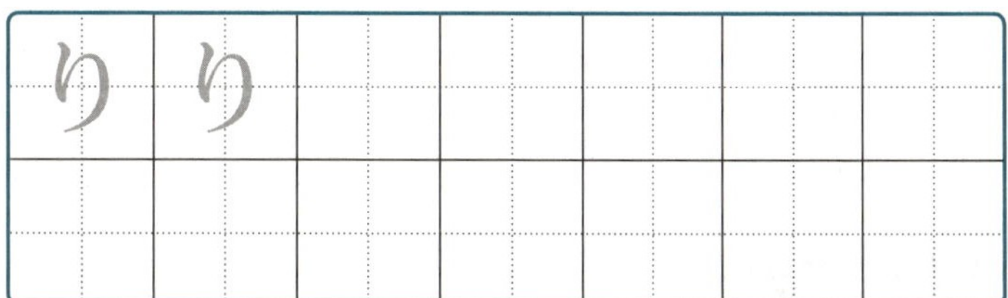

[ri]

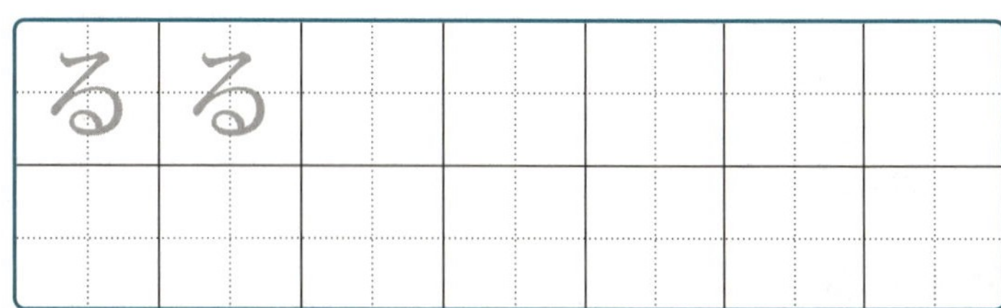

[ru]

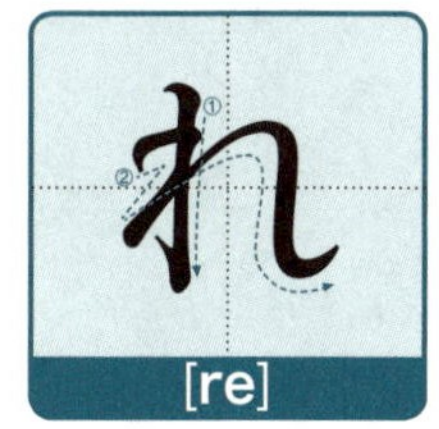
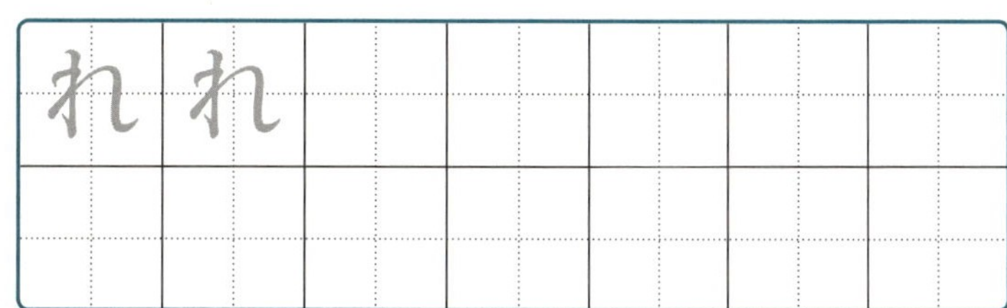

[re]

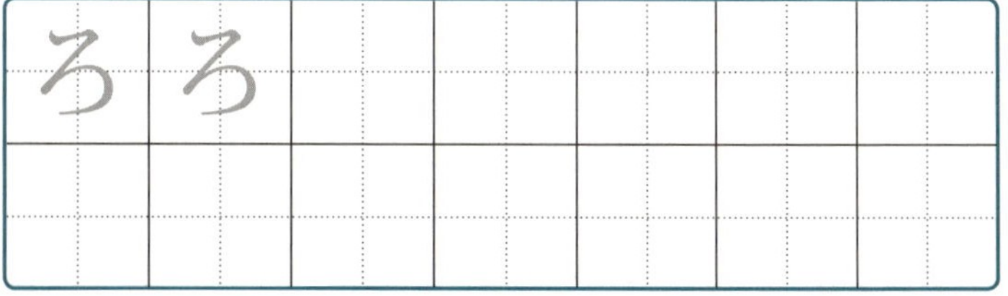

[ro]

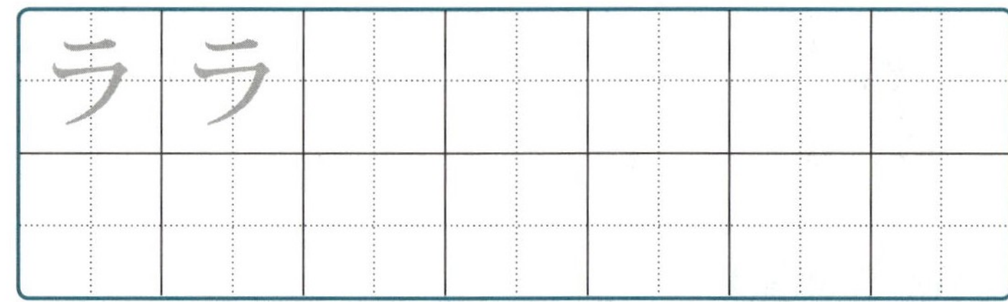

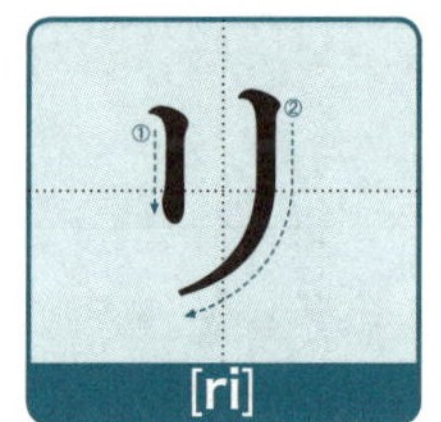
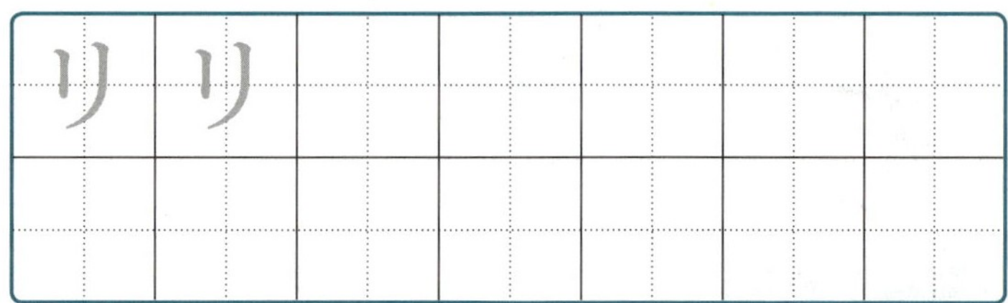

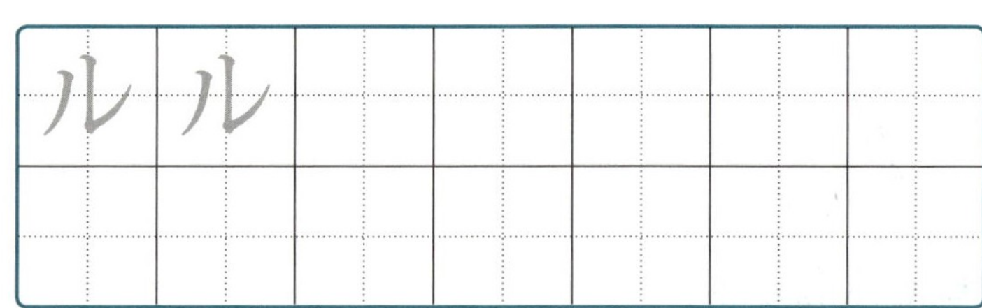

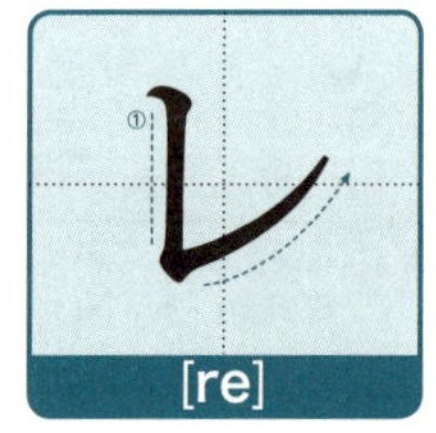
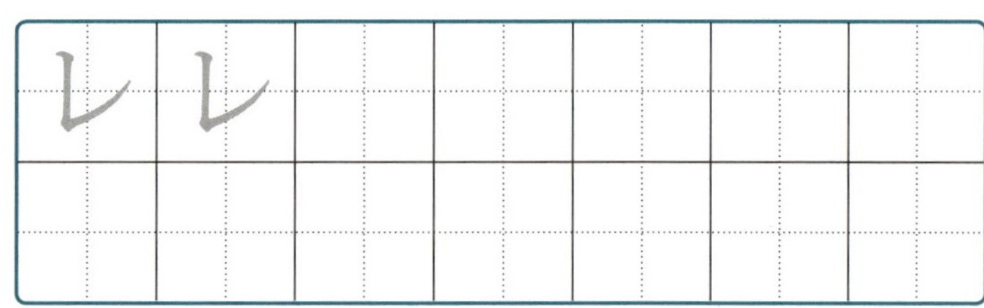

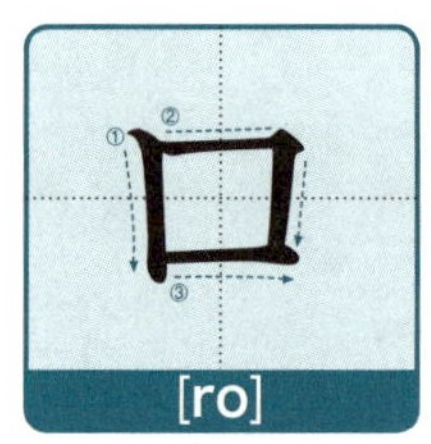
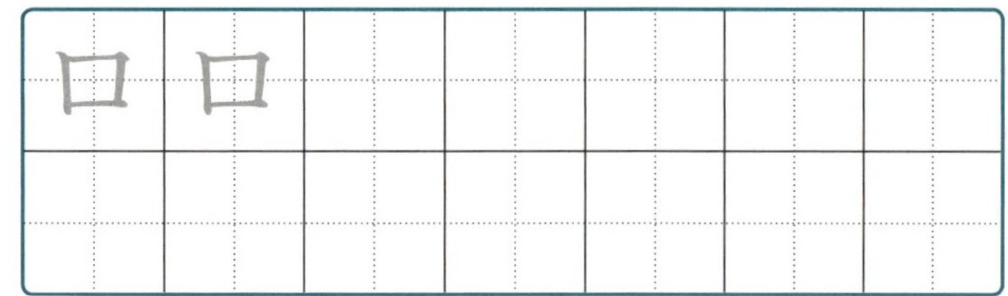

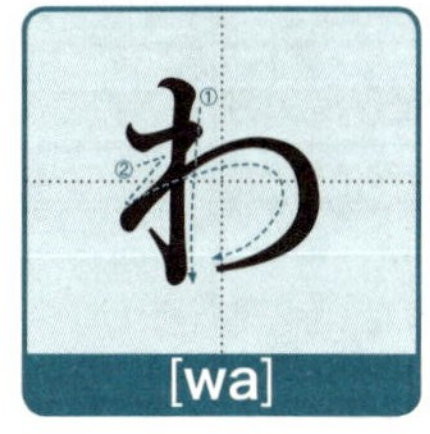
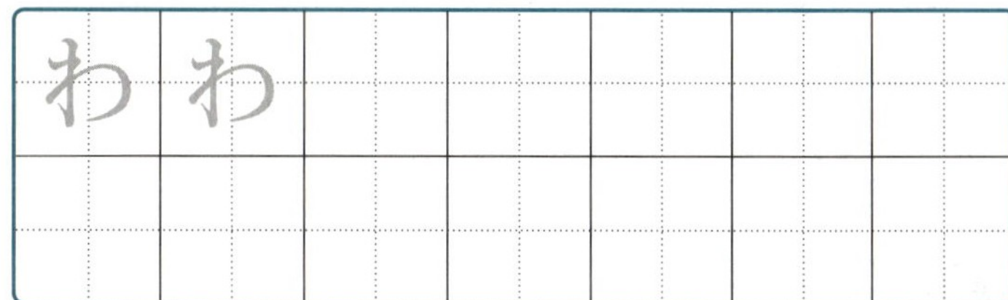

[wa]

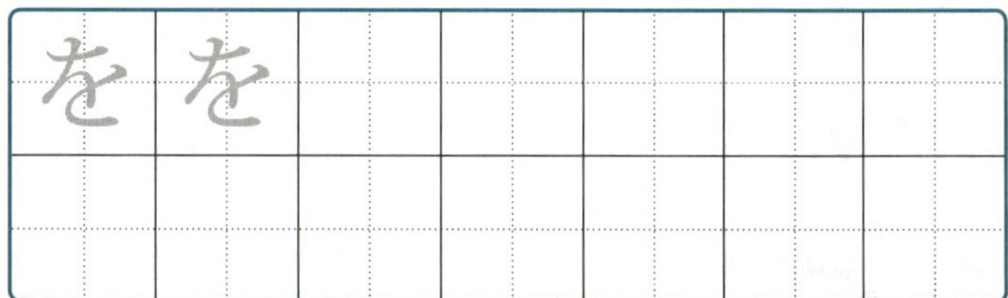

[o]

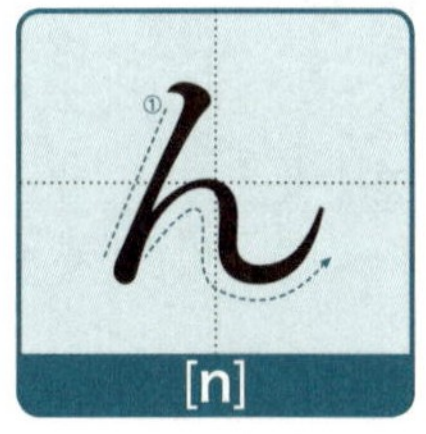
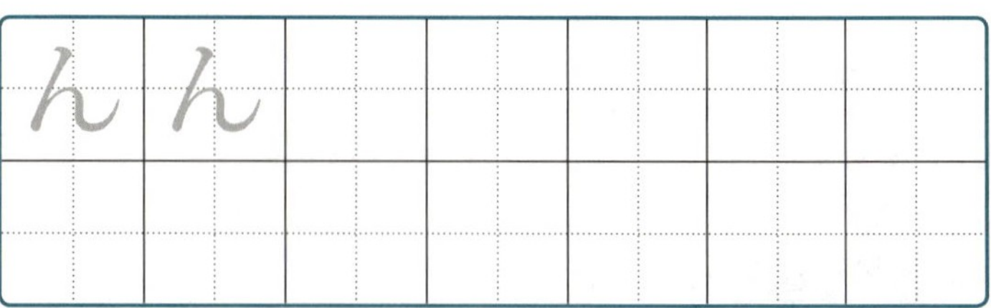

[n]

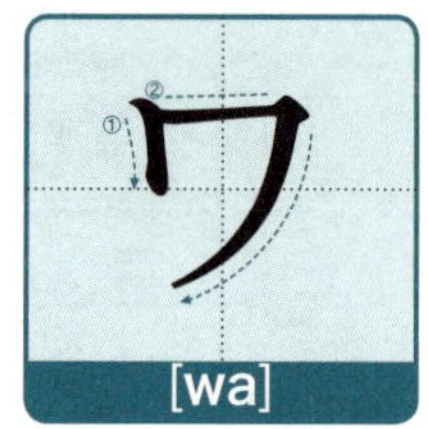
①②
ワ
[wa]

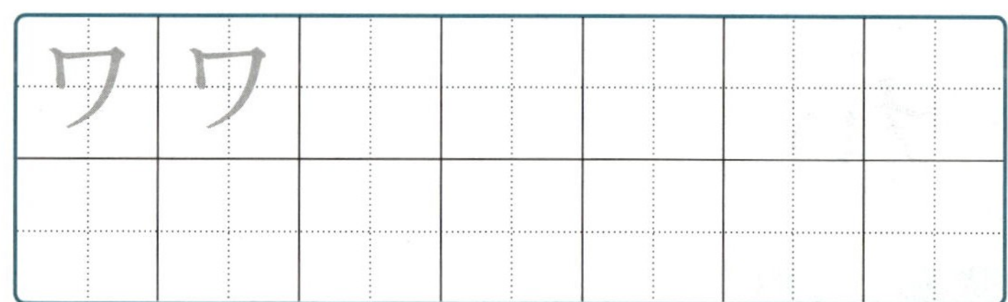

①
②　③
ヲ
[o]

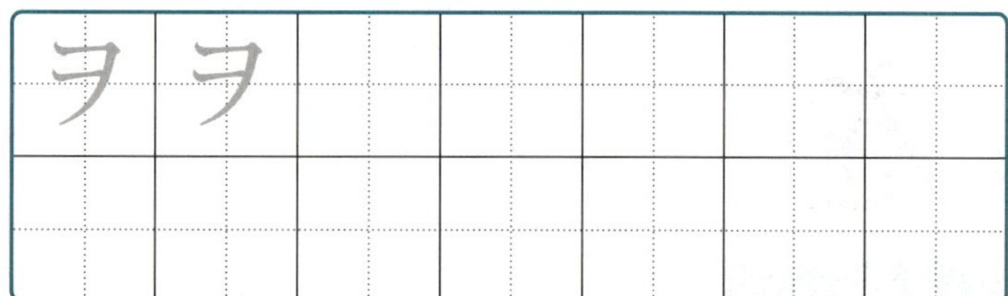

①
②
ン
[n]

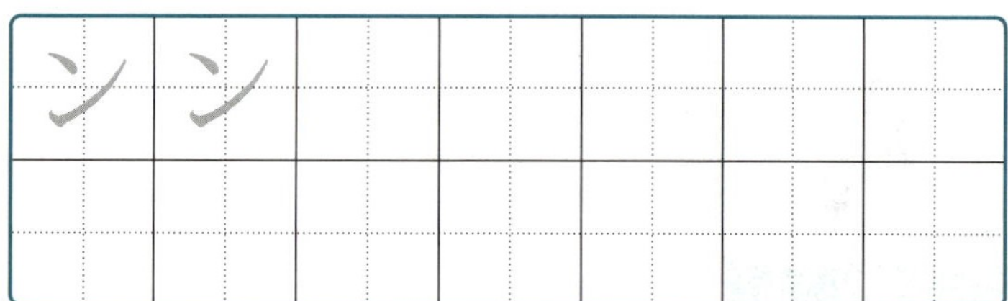

 [ga]

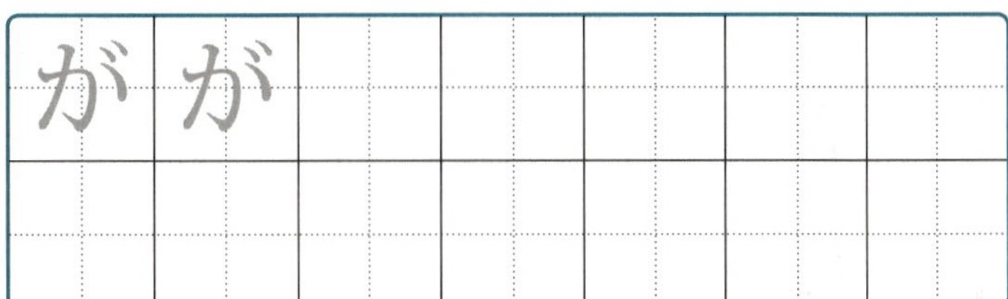

 [gi]

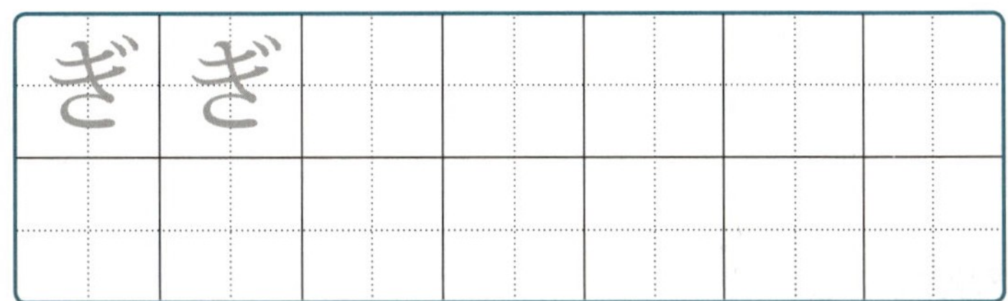

 [gu]

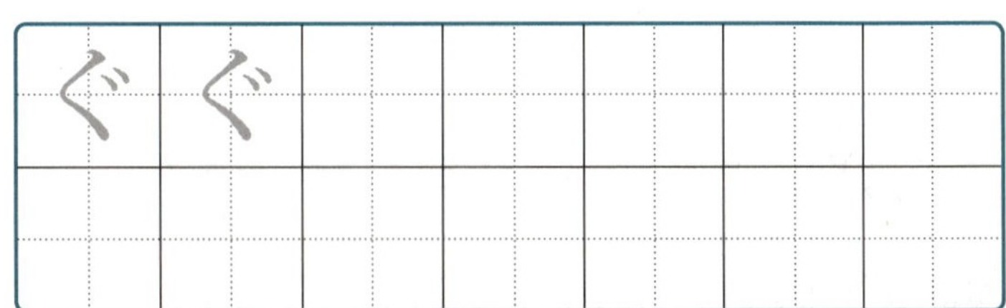

 [ge]

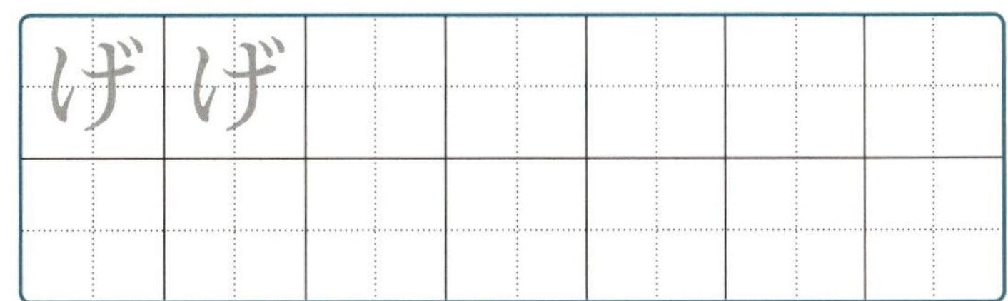

 [go]

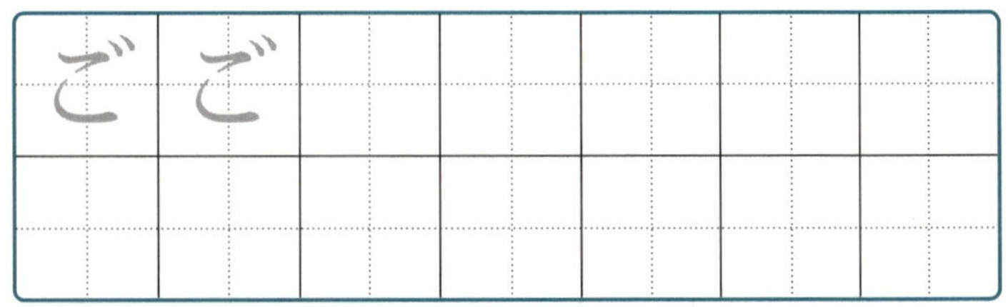

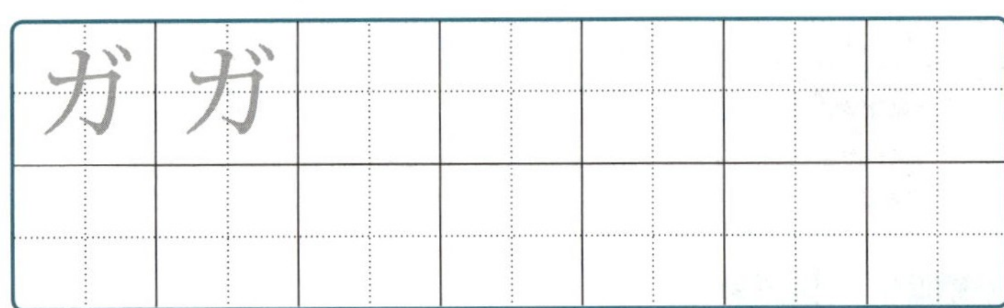

[ga]

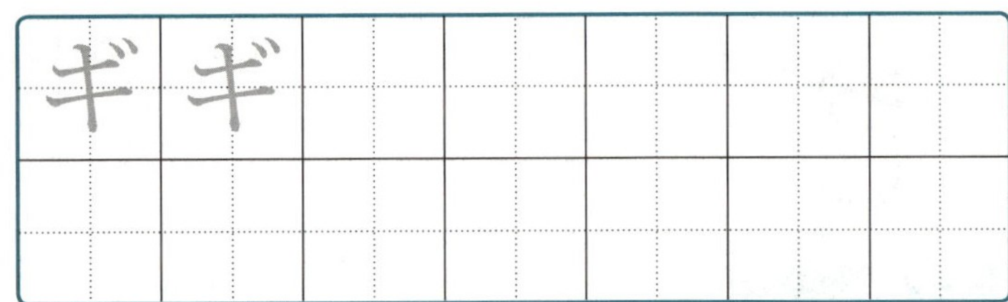

[gi]

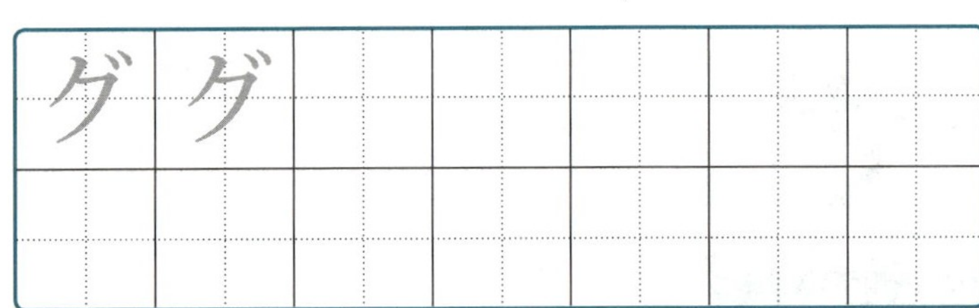

[gu]

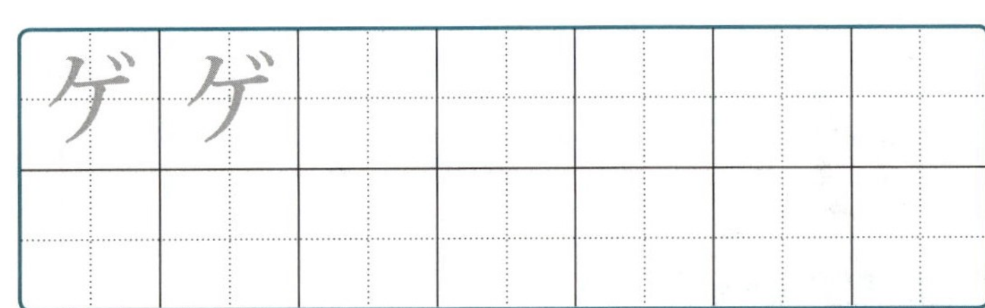

[ge]

[go]

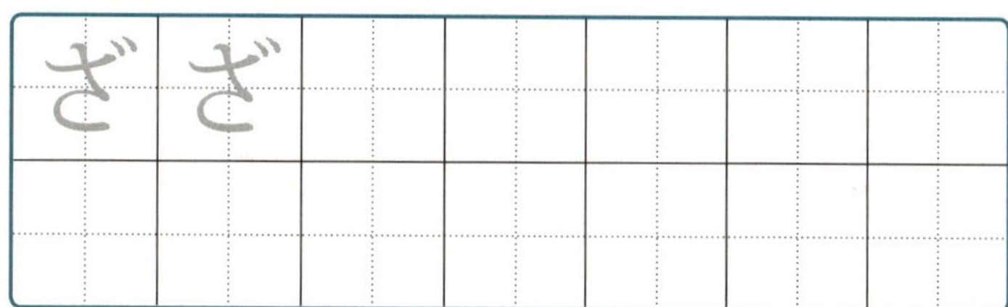

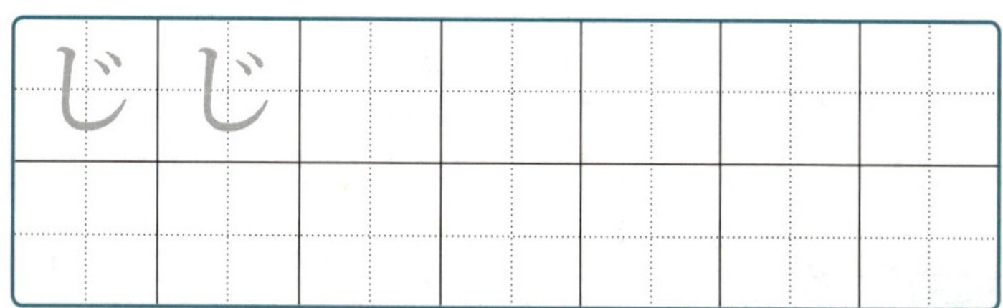

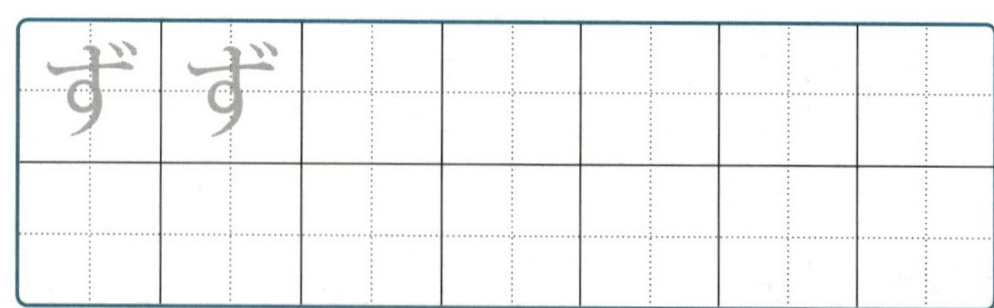

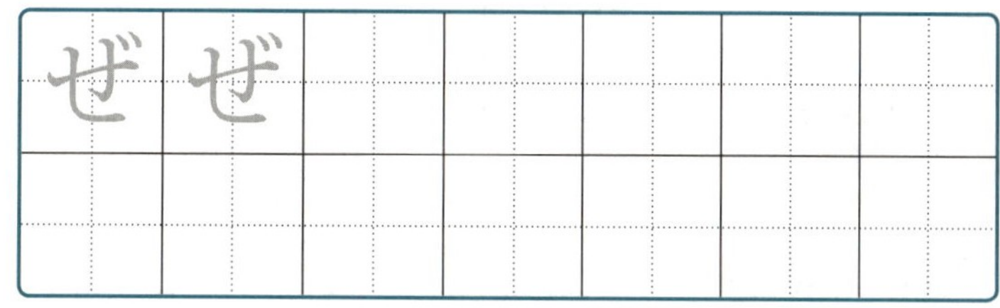

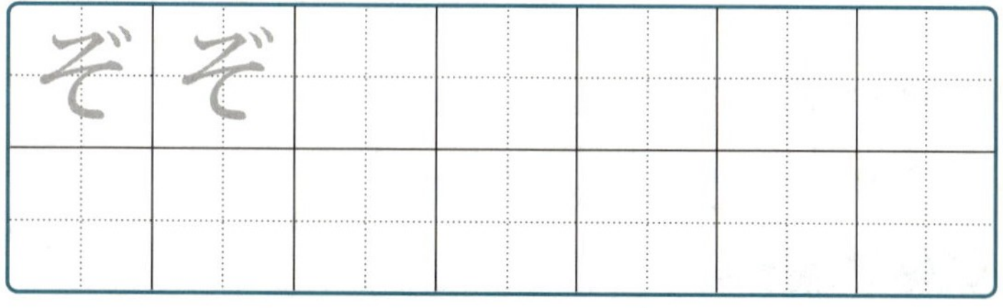

 ザ [za]
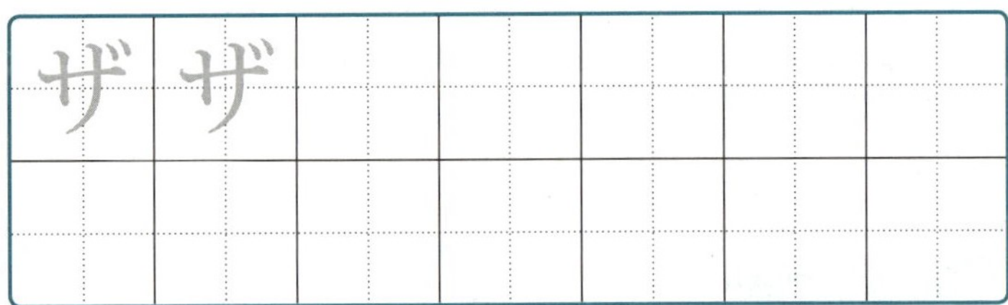

 ジ [ji]
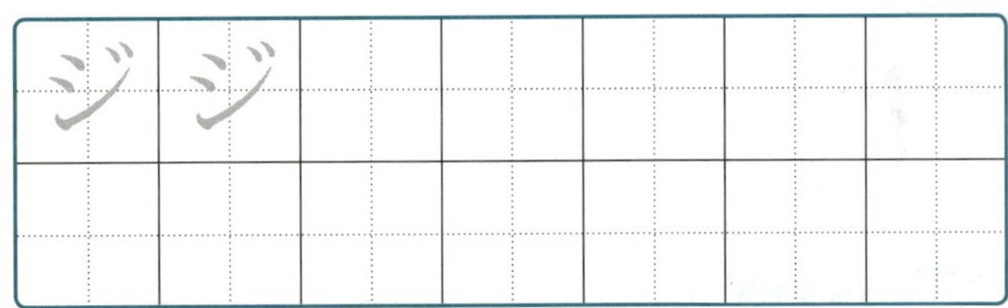

 ズ [zu]
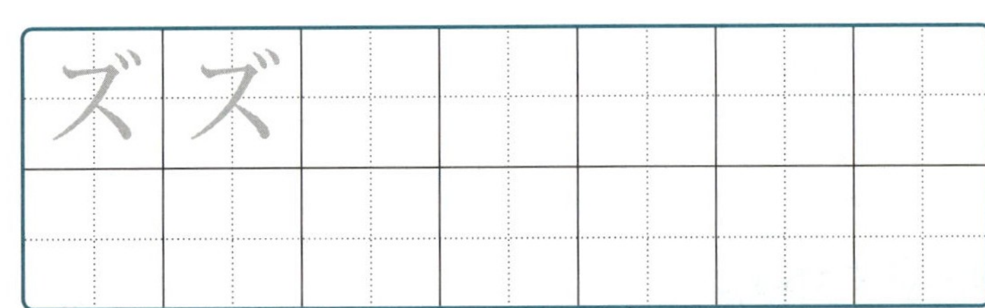

 ゼ [ze]
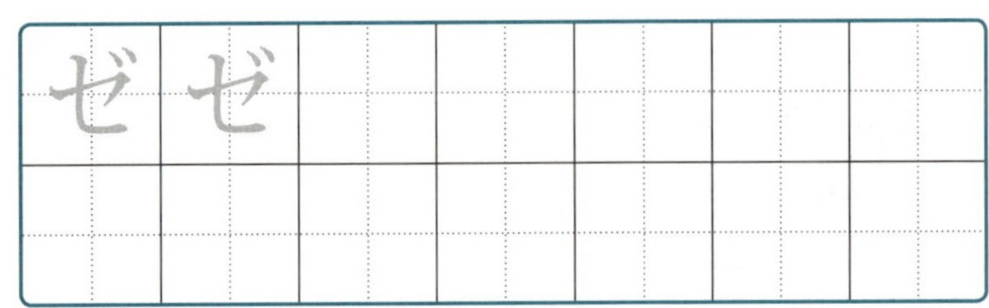

 ゾ [zo]
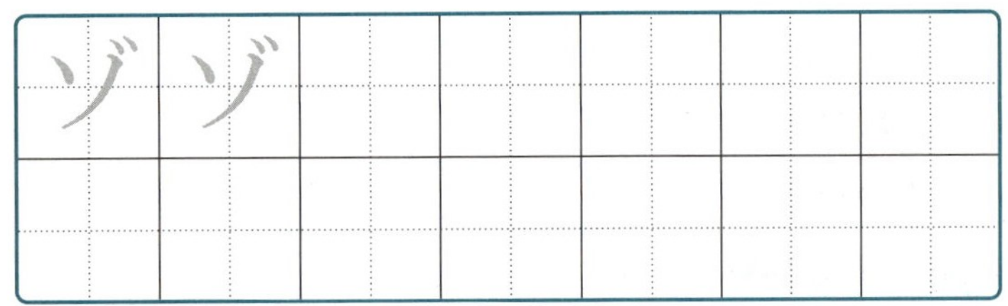

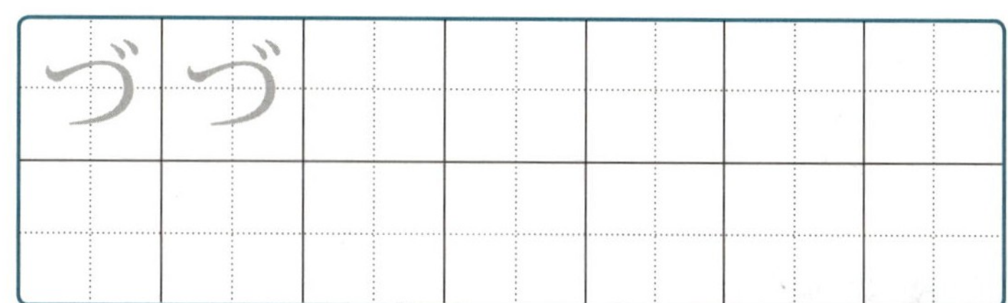

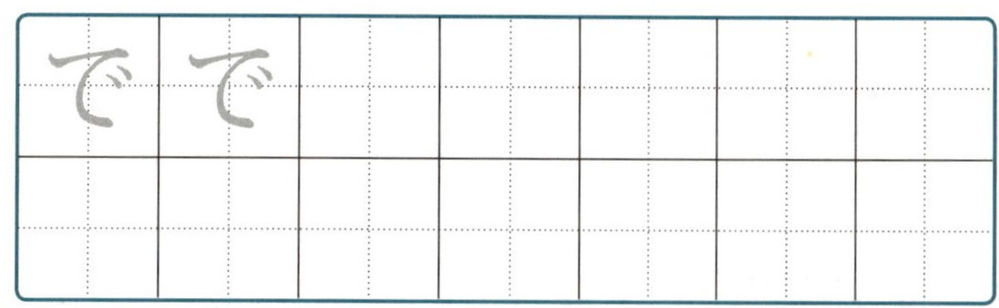

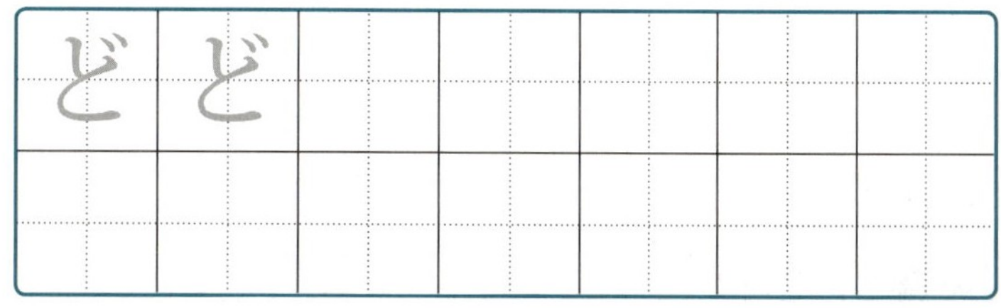

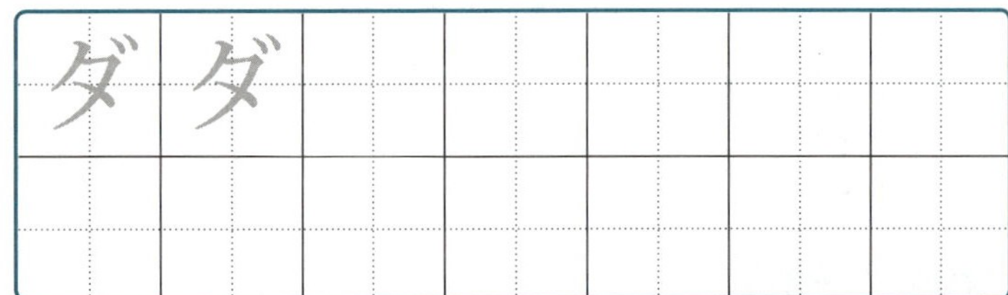

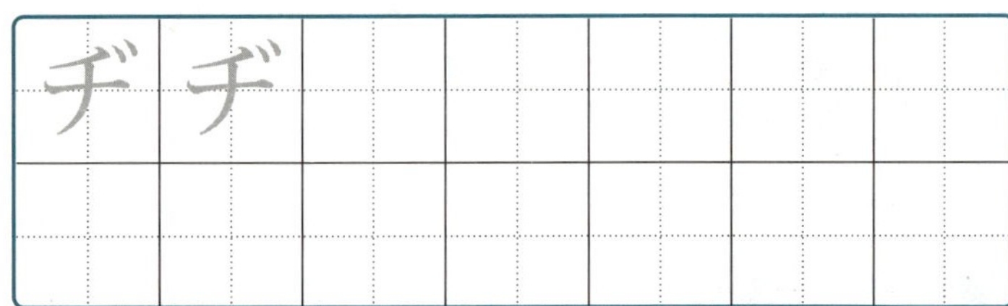

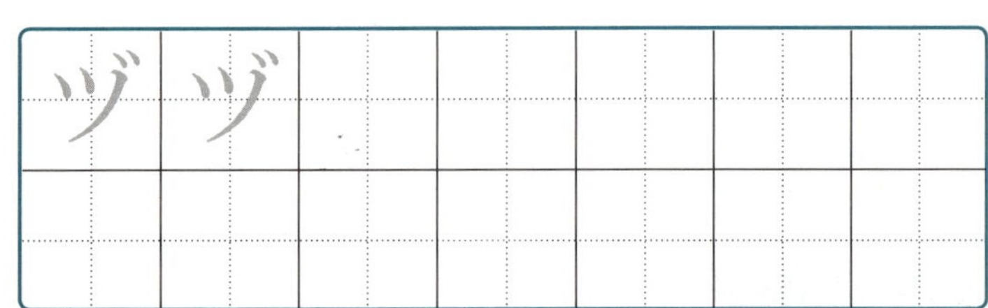

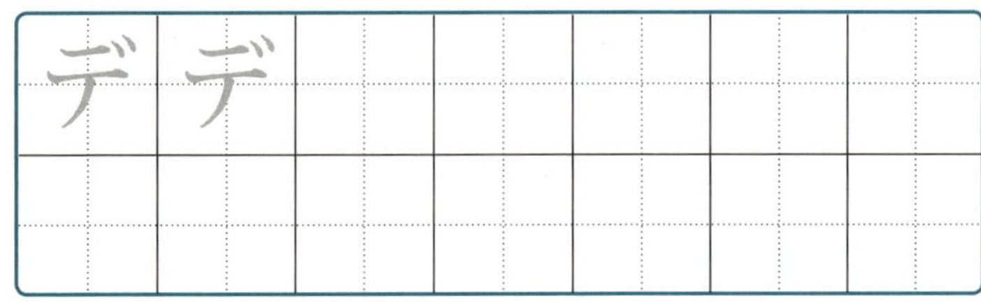

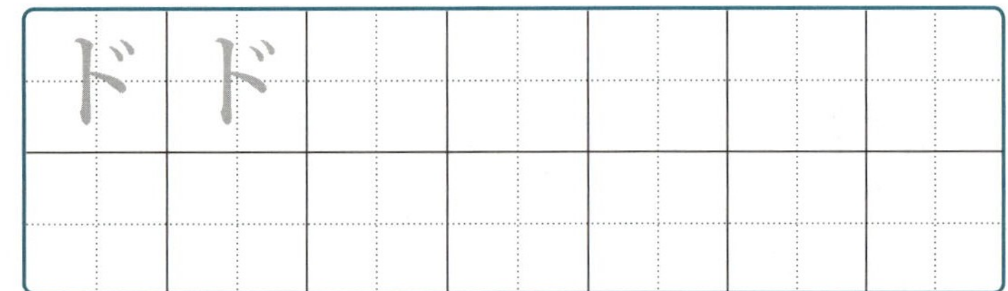

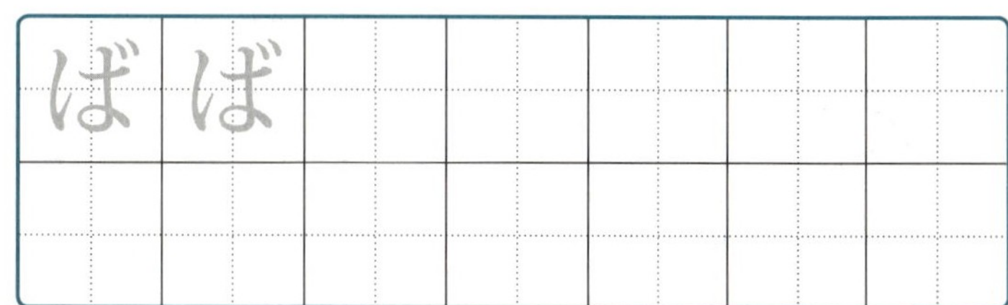

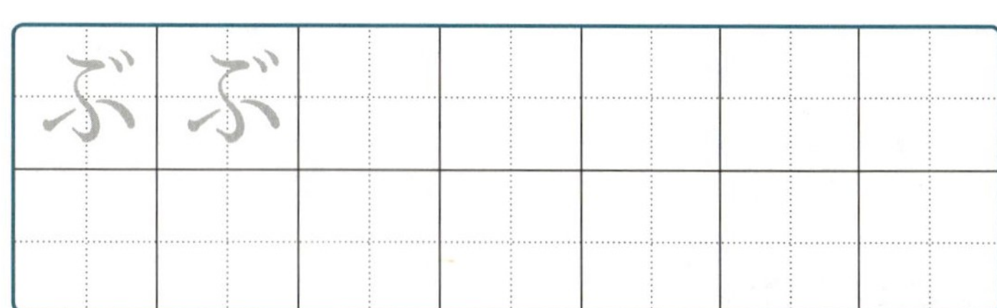

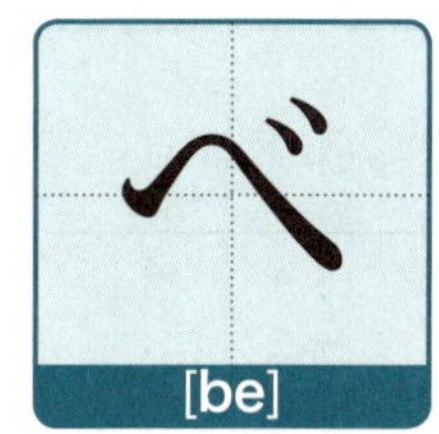
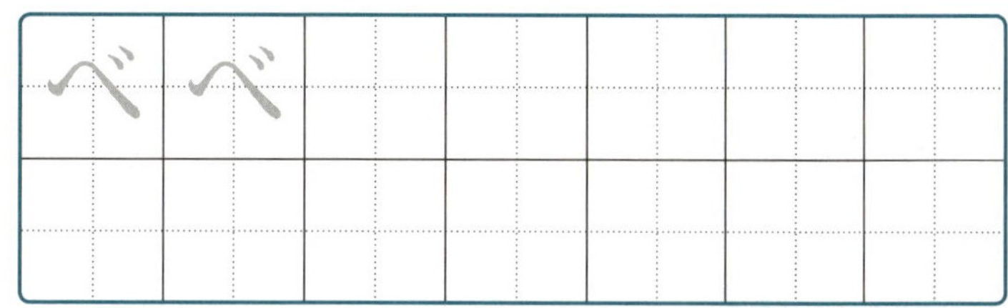

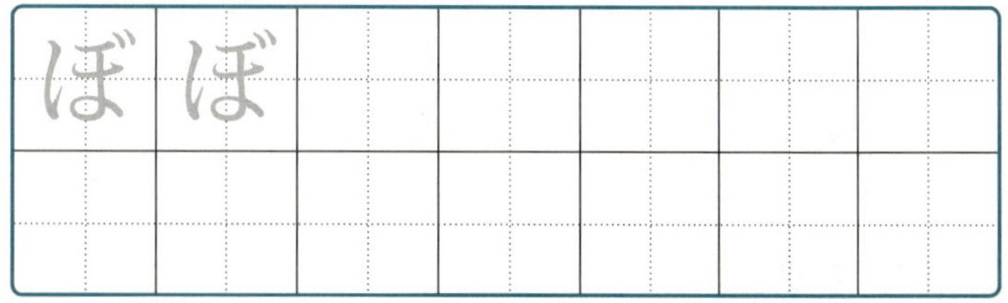

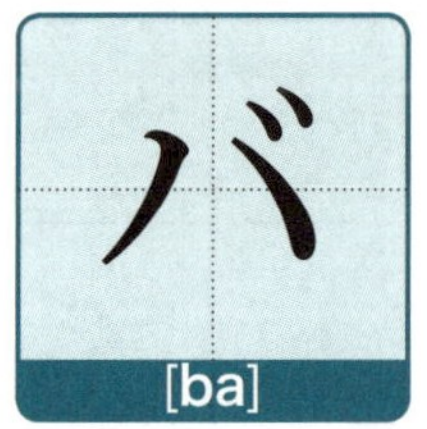 [ba]

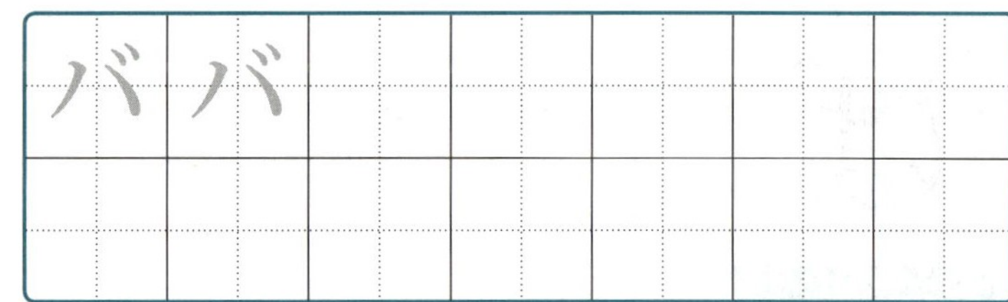

 [bi]

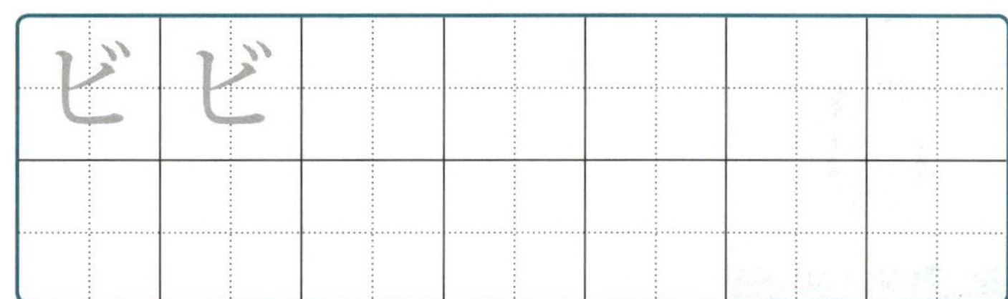

 [bu]

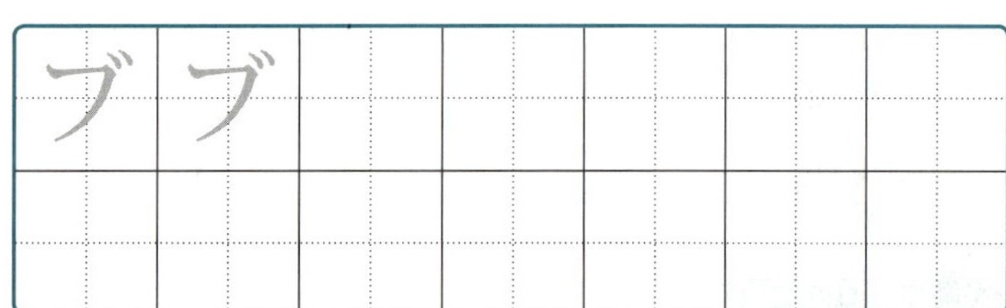

 [be]

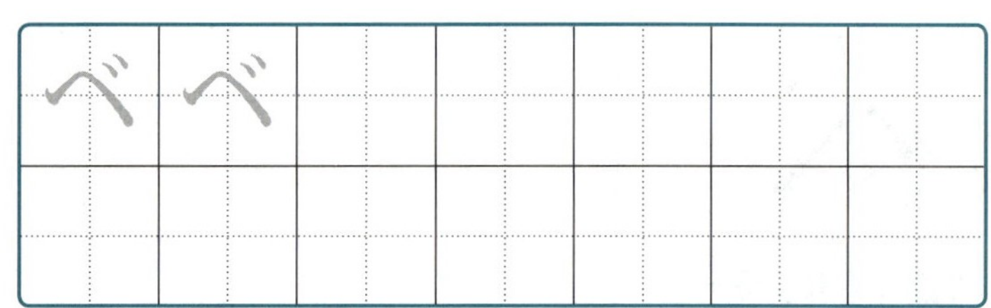

 [bo]

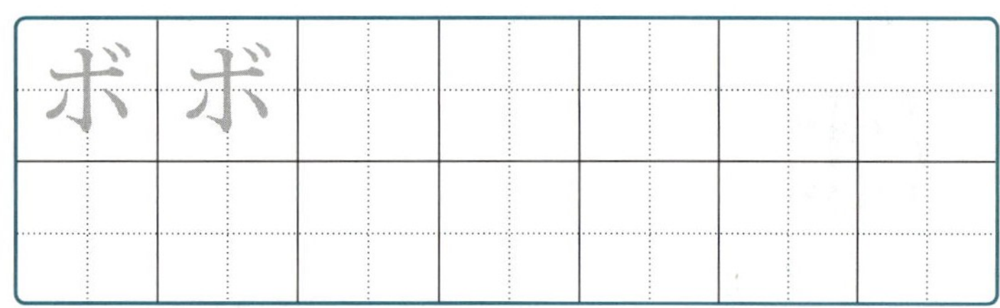

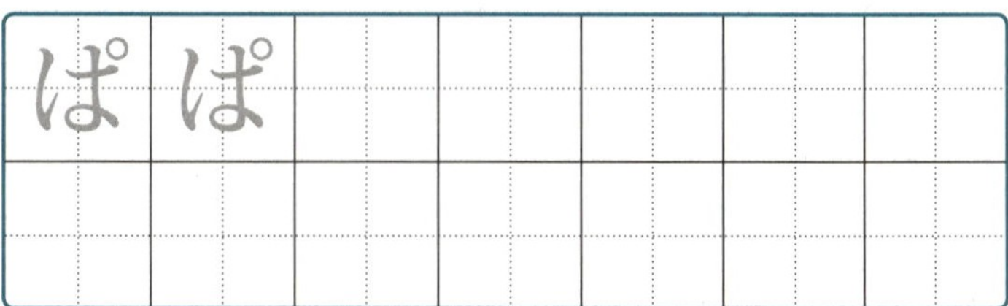

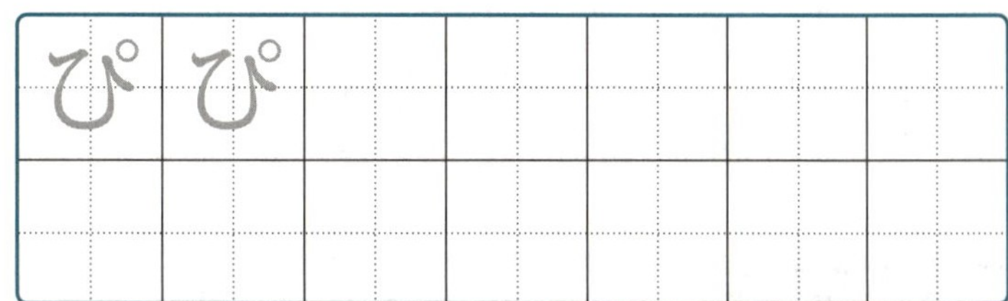

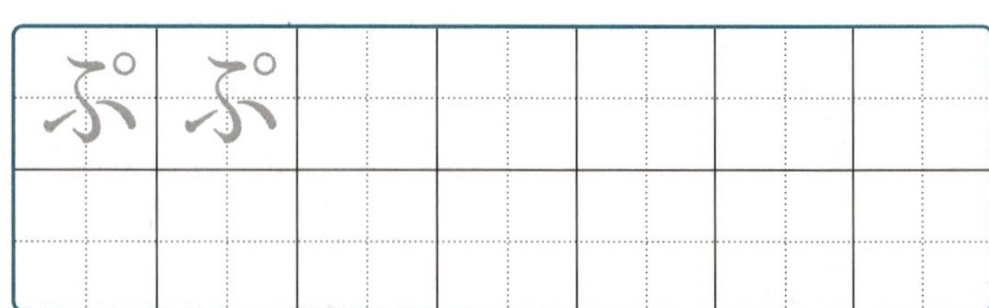

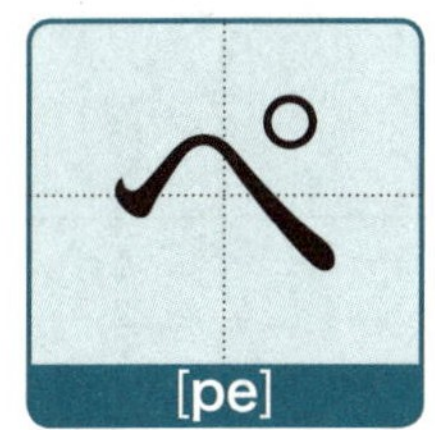

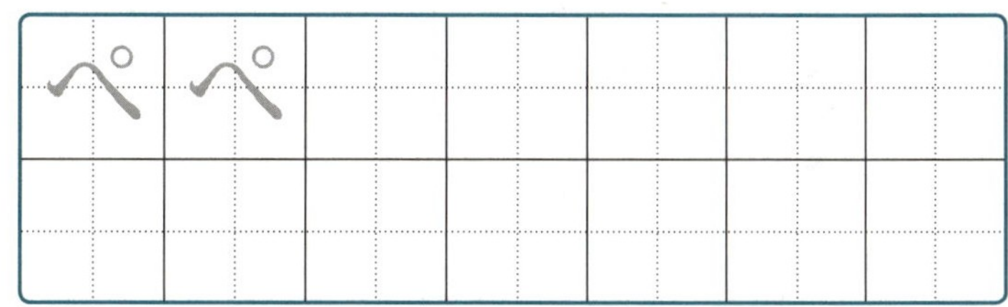

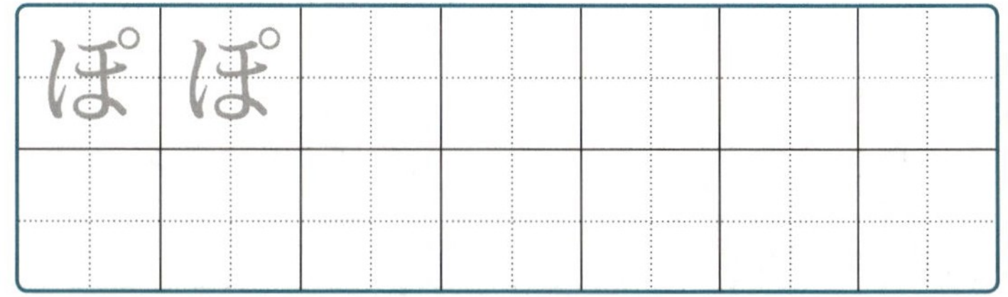

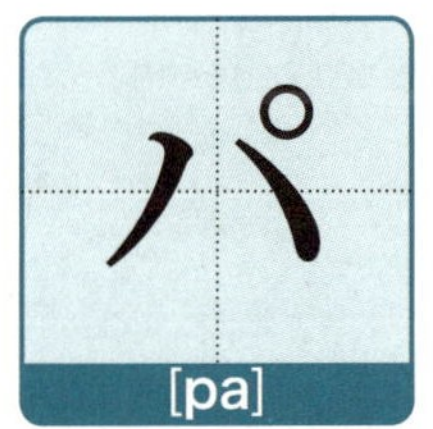
パ
[pa]

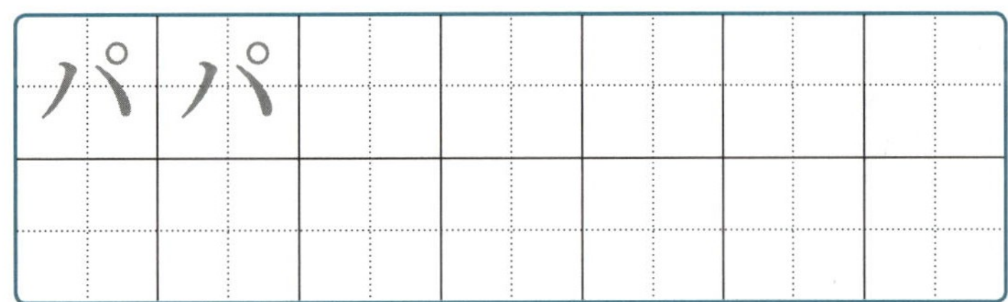

ピ
[pi]

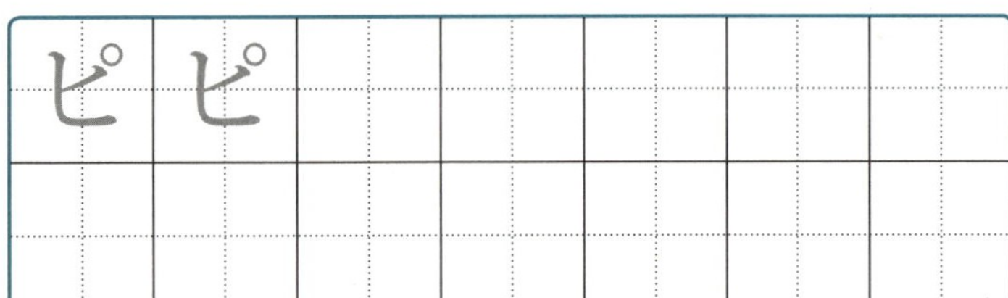

プ
[pu]

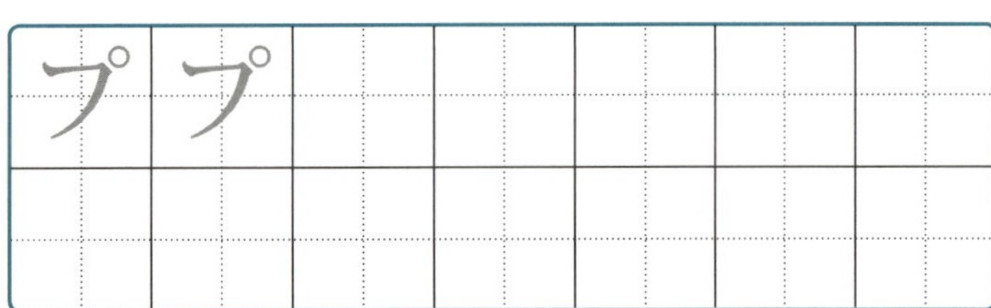

ペ
[pe]

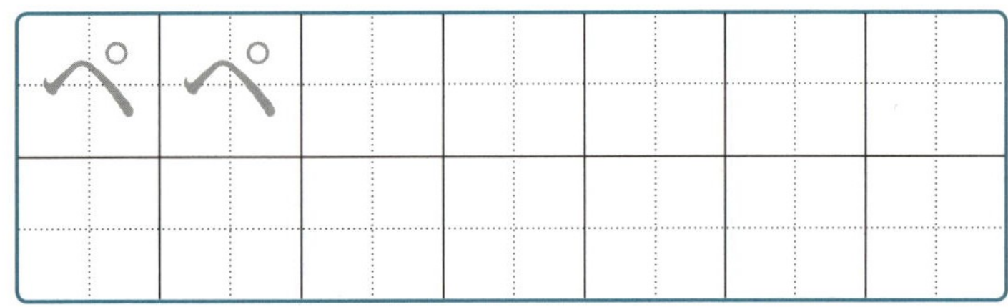

ポ
[po]

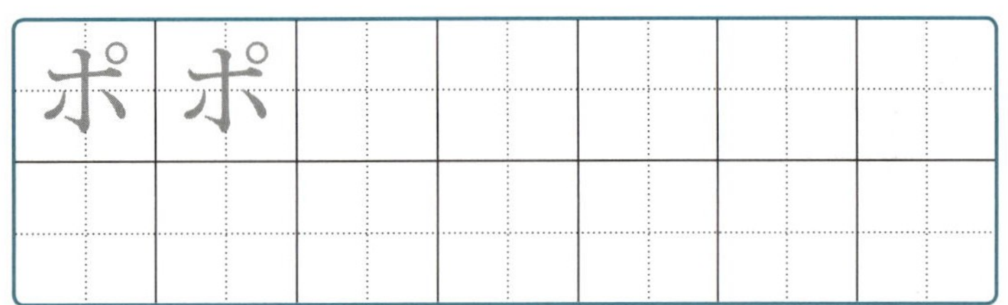

しゃ [sya]
しゃ しゃ
しゅ [syu]
しゅ しゅ
しょ [syo]
しょ しょ
シャ [sya]
シャ シャ
シュ [syu]
シュ シュ
ショ [syo]
ショ ショ

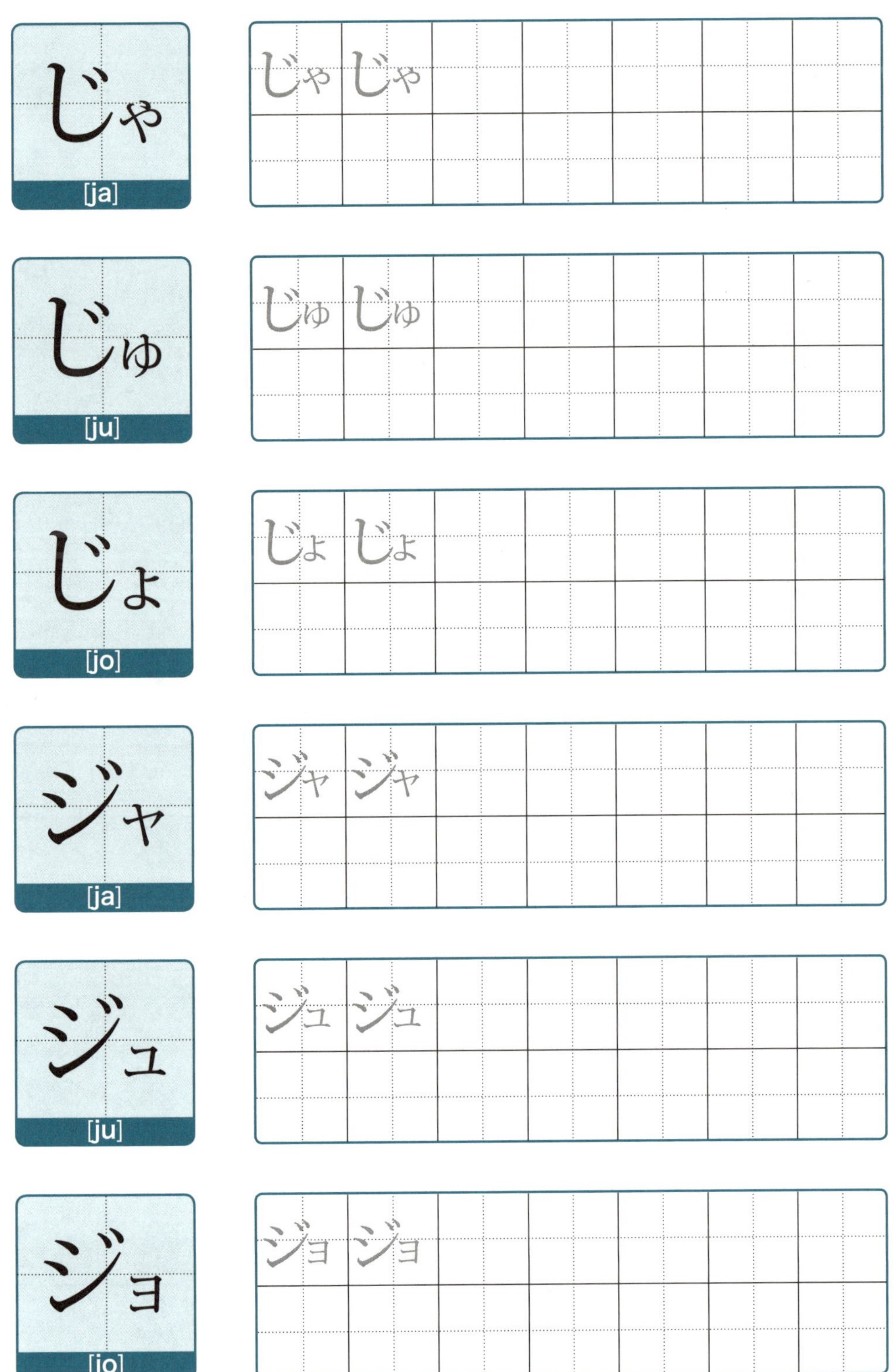


じゃ [ja]
じゃ じゃ

じゅ [ju]
じゅ じゅ

じょ [jo]
じょ じょ

ジャ [ja]
ジャ ジャ

ジュ [ju]
ジュ ジュ

ジョ [jo]
ジョ ジョ

ちゃ
[cha]
ちゅ
[chu]
ちょ
[cho]
チャ
[cha]
チュ
[chu]
チョ
[cho]

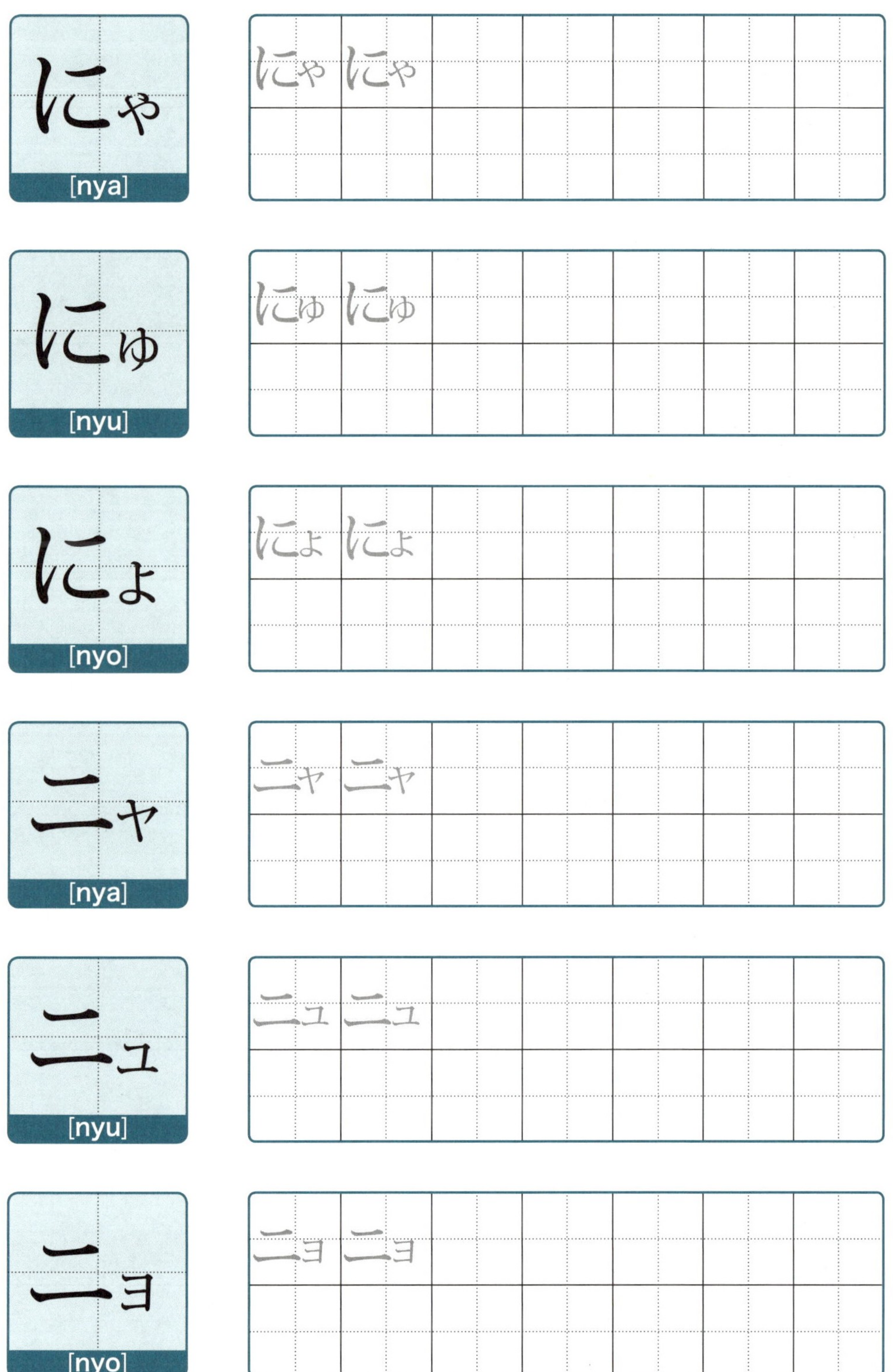

にゃ
[nya]
にゃ にゃ

にゅ
[nyu]
にゅ にゅ

にょ
[nyo]
にょ にょ

ニャ
[nya]
ニャ ニャ

ニュ
[nyu]
ニュ ニュ

ニョ
[nyo]
ニョ ニョ

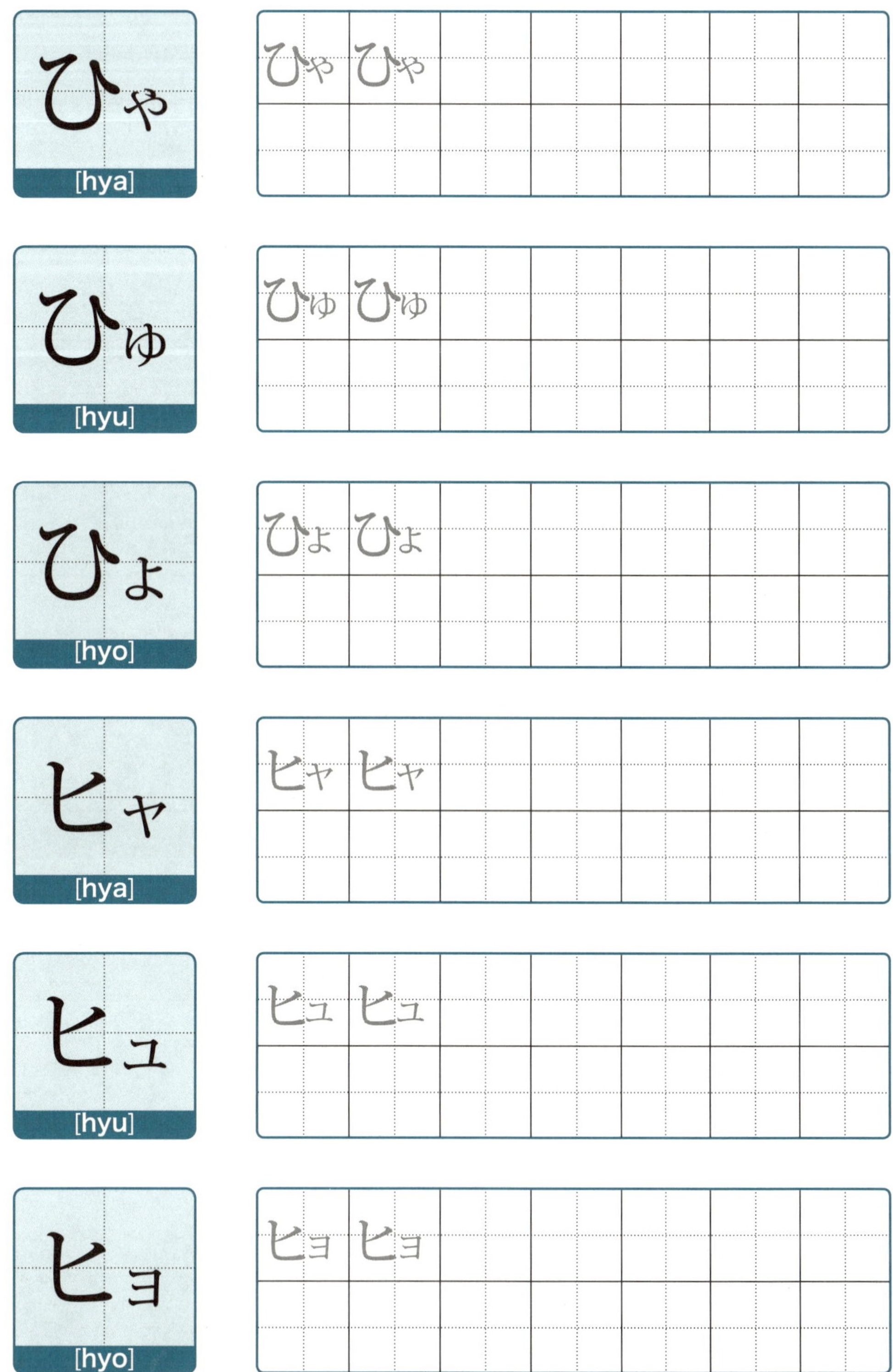

ひゃ
[hya]

ひゅ
[hyu]

ひょ
[hyo]

ヒャ
[hya]

ヒュ
[hyu]

ヒョ
[hyo]

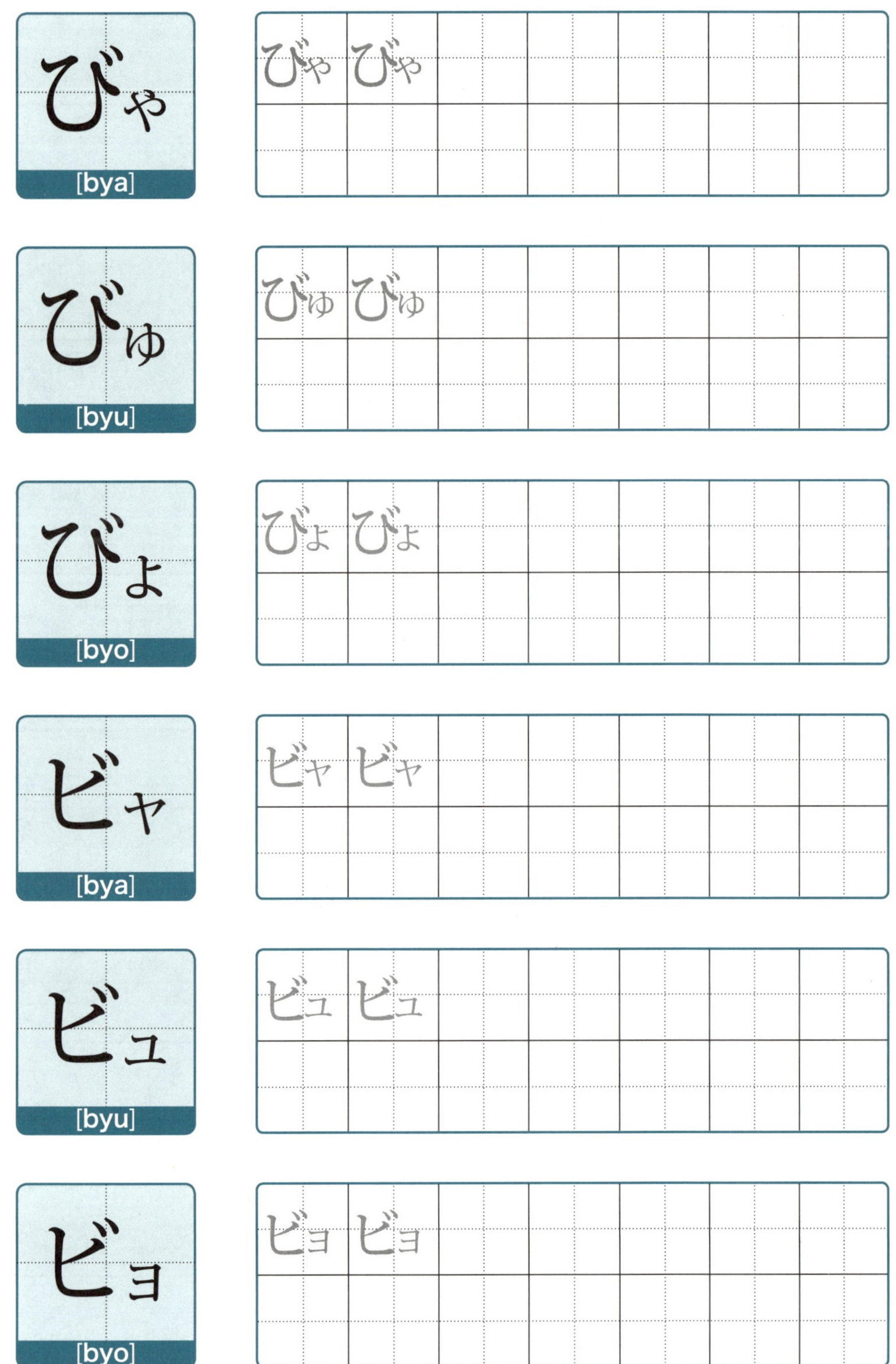

びゃ
[bya]
びゃ びゃ
びゅ
[byu]
びゅ びゅ
びょ
[byo]
びょ びょ
ビャ
[bya]
ビャ ビャ
ビュ
[byu]
ビュ ビュ
ビョ
[byo]
ビョ ビョ

ぴゃ
[pya]

ぴゅ
[pyu]

ぴょ
[pyo]

ピャ
[pya]

ピュ
[pyu]

ピョ
[pyo]

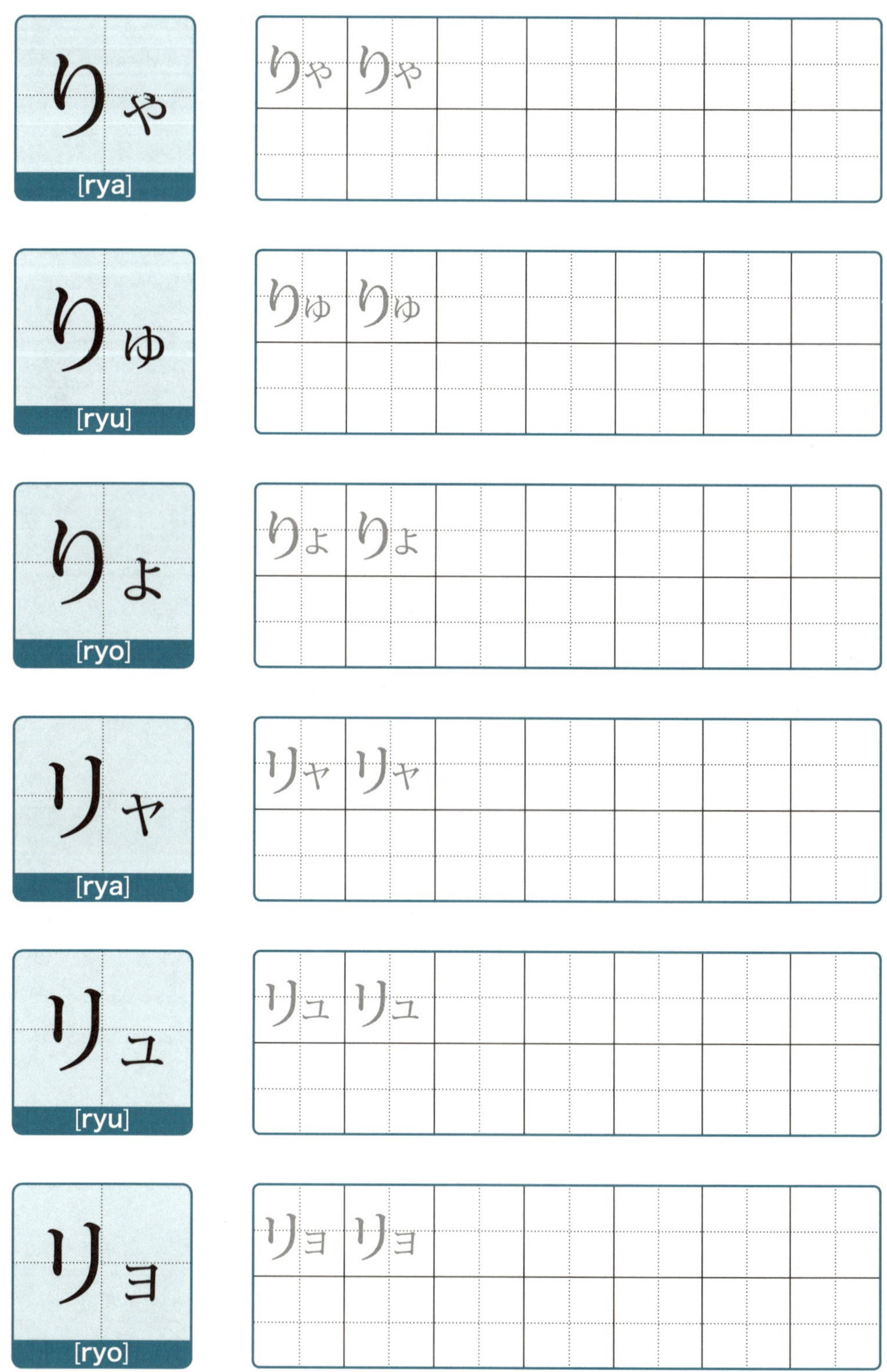

| りゃ [rya] | りゃ | りゃ | | | | | |
| りゅ [ryu] | りゅ | りゅ | | | | | |
| りょ [ryo] | りょ | りょ | | | | | |
| リャ [rya] | リャ | リャ | | | | | |
| リュ [ryu] | リュ | リュ | | | | | |
| リョ [ryo] | リョ | リョ | | | | | |

# MEMO

# MEMO